P9-CCI-594

LA JAULA DE LA MELANCOLÍA

Identidad y metamorfosis del mexicano

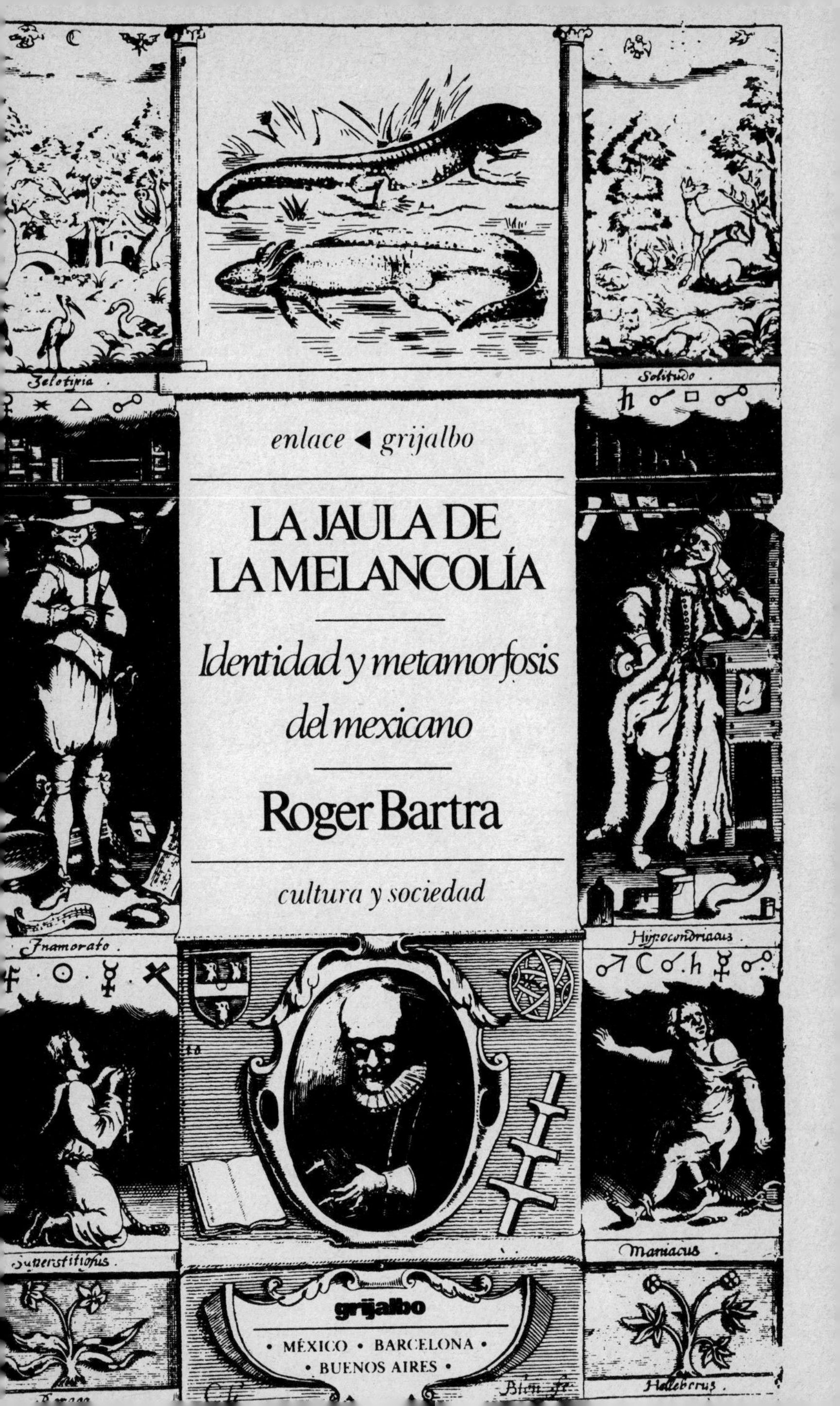
Zelotipia
Solitudo
enlace ◂ grijalbo
LA JAULA DE LA MELANCOLÍA
Identidad y metamorfosis del mexicano
Roger Bartra
cultura y sociedad
Inamorato
Maniacus
grijalbo
• MÉXICO • BARCELONA •
• BUENOS AIRES •
Helleborus

LA JAULA DE LA MELANCOLÍA
Identidad y metamorfosis del mexicano

© 1987, Roger Bartra

D.R. © 1987 por EDITORIAL GRIJALBO, S.A.
Calz. San Bartolo Naucalpan núm. 282
Argentina Poniente 11230
Miguel Hidalgo, México, D.F.

CUARTA EDICIÓN

*Este libro no puede ser reproducido,
total o parcialmente,
sin autorización escrita del editor.*

ISBN 968-419-677-6

IMPRESO EN MÉXICO

A Josefina, siempre

Indice

y sus ruinas existan diciendo:
de mil héroes la patria aquí fue.

Penetración

La nación es el más hollado y a la vez el más impenetrable de los territorios de la sociedad moderna. Todos sabemos que esas líneas negras en los mapas políticos son como cicatrices de innumerables guerras, saqueos y conquistas; pero también sospechamos que, además de la violencia estatal fundadora de las naciones, hay antiguas y extrañas fuerzas de índole cultural y psíquica que dibujan las fronteras que nos separan de los extraños. Estas fuerzas sutiles, sometidas a la inclemencia de los vaivenes de la economía y de la política, son sin embargo responsables de la opacidad del fenómeno nacional. Entre otras cosas, esta opacidad oculta los motivos profundos por los cuales los hombres toleran un sistema de dominación y con su paciencia le imprimen un sello de legitimidad a la injusticia, a la desigualdad y a la explotación. En este ensayo me propongo penetrar en el territorio del nacionalismo mexicano y explorar algunas de sus manifestaciones, para avanzar en el estudio de los procesos de legitimación del Estado moderno.

Es obvio que la sociedad no está organizada de tal modo como si estuviera esperando que los científicos llegaran a descifrar sus secretos; al contrario, siempre es necesario ejercer una cierta violencia para que las cosas entreguen, por decirlo así, las claves de su conformación. Por eso es la propia violencia social la que mejor revela los misterios de la sociedad. Pero la escritura, a su manera, también es capaz de violentar la realidad para penetrar en sus arcanos. Con esta intención, me parece haber encontrado un punto débil, una resquebrajadura, por la que es posible penetrar provechosamente en el territorio de los fenómenos nacionales. Este punto débil está formado, curiosamente, por los mismos estudios sobre la configuración del carácter nacional mexicano (y, especialmente, las reflexiones sobre "lo mexicano"). Me interesan dichos estudios porque su *objeto* de reflexión (el llamado "carácter nacional") es una construcción imaginaria que ellos mismos han elaborado, con la ayuda decisiva de la literatura, el arte y la música. En realidad, los ensayos sobre "lo mexicano" se muerden la cola, por así decirlo: son una emanación ideológica y cultural del mismo fenómeno que pretendo estudiar: por ello los he escogido como punto de entrada para el estudio de la cultura política dominante que se desarrolla en México después de la Revolución de 1910. Pero la literatura sobre el carácter nacional mexicano no sólo será el *objeto* de estudio de este ensayo; será también un medio de realizar una crítica de la cultura.

Los estudios sobre "lo mexicano" constituyen una expresión de la cultura política dominante. Esta cultura política hegemónica se encuentra ceñida por el conjunto de redes imaginarias de poder, que definen las *formas de subjetividad* socialmente aceptadas, y que suelen ser consideradas como la expresión más elaborada de la cultura nacional. Se trata de un proceso mediante el cual la sociedad mexicana posrevolucionaria produce los *sujetos* de su propia cultura nacional, como criaturas mitológicas y literarias generadas en el contexto de una subjetividad históricamente determinada que "no es sólo un lugar de creatividad y de liberación, sino también de subyugación y emprisionamiento".[1] Así, la cultura política hegemónica ha ido creando sus sujetos peculiares y los ha ligado a varios arquetipos de extensión universal.[2] Esta subjetividad específicamente mexicana está compuesta de muchos estereotipos psicológicos y sociales, héroes, paisajes, panoramas históricos y humores varios. Los sujetos son convertidos en actores y la subjetividad es transformada en teatro. De esta manera el Estado nacional capitalista aparece al nivel de la vida cotidiana perfilado por las líneas de un drama psicológico. Yo he escogido su parte más espectacular y ob-

[1] Terry Eagleton, "The Subject of Literature".

[2] Aunque tomo en cuenta las interpretaciones de Jung, uso el término arquetipo más bien en el sentido de Mircea Eliade, y sobre todo en su sentido lato de patrón original antiguo a partir del cual se realizan copias.

via, la que ha provocado más polémicas y la que ha circulado con mayor profusión por medio del cine, la radio, la televisión, la prensa, los discursos y las canciones. Como se verá, he elegido los *lugares comunes* del carácter del mexicano: se trata de un manojo de estereotipos codificados por la intelectualidad, pero cuyas huellas se reproducen en la sociedad provocando el espejismo de una cultura popular de masas. Estas imágenes sobre "lo mexicano" no son un reflejo de la conciencia popular (suponiendo, cosa que dudo, que dicha conciencia exista como entidad única y homogénea). Por otro lado, aunque estas ideas han sido destiladas por la élite intelectual, no las abordaré solamente como expresiones ideológicas, sino principalmente como mitos producidos por la cultura hegemónica. Las expresiones ideológicas del alma nacional son altamente individualizadas, aunque pueden reducirse a corrientes filosóficas y a grupos generacionales; pero sus expresiones mitológicas se van acumulando en la sociedad durante un largo periodo y terminan por constituir una especie de metadiscurso: una intrincada red de puntos de referencia a los que acuden muchos mexicanos (y algunos extranjeros) para explicar la identidad nacional. Es el abrevadero común en el que se sacia la sed de identidad, es el lugar de donde provienen los mitos que no sólo le dan *unidad* a la nación, sino que la hacen diferente a cualquier otra.

Uno de los aspectos que me parecen más interesantes de los estudios sobre "lo mexicano" es precisamente el hecho de que, al leerlos con una actitud sensata, no se puede llegar más que a la conclusión de que el carácter del mexicano es una entelequia artificial: existe principalmente en los libros y discursos que lo describen o exaltan, y allí es posible encontrar las huellas de su origen: una voluntad de poder nacionalista ligada a la unificación e institucionalización del Estado capitalista moderno.[3] El carácter nacional mexicano sólo tiene, digamos, una existencia literaria y mitológica; ello no le quita

[3] Coincido con Julio Caro Baroja cuando en su ensayo sobre el carácter español señala que la invención del carácter nacional es una "actividad mítica" amenazadora y peligrosa. *Cf. El mito del carácter nacional,* pp. 71-112. Véase también el sugerente artículo de Roberto Gutiérrez, "Mito y democracia".

fuerza o importancia, pero nos debe hacer reflexionar sobre la manera en que podemos penetrar el fenómeno y sobre la peculiar forma en que se inserta en la estructura cultural y social de México. Para este ensayo he escogido sólo algunos aspectos del mito del carácter nacional, un conjunto articulado de estereotipos construidos a partir de las imágenes que la clase dominante se ha formado de la vida campesina y de la existencia obrera, del mundo rural y del ámbito urbano. Con ellos se ha forjado una compleja mitología que tiende a sustituir el formalismo de la democracia política por una imaginería que provoca una cohesión social de tipo irracional. Este hecho me parece fundamental, y de manera implícita es el hilo conductor de las reflexiones que se desarrollan en este libro. El sistema mexicano ha gozado durante muchos años de una gran estabilidad política, pero ha excluido el desarrollo de la democracia moderna: esto se explica en gran medida por el enorme peso del mito nacionalista. Hoy las cosas están cambiando, y los mexicanos comienzan a impacientarse por la ausencia de democracia. Estoy convencido de que el Estado mexicano se verá pronto obligado a aceptarla como forma de gobierno; por ello mismo, me parece urgente una reflexión crítica sobre los peligros que emanan del mito nacionalista. Soy consciente de que este mito se ha forjado a lo largo de muchos años y que sus antecedentes pueden encontrarse, incluso, en el periodo colonial. Pero no intentaré hacer una historia de los mitos nacionalistas ni una cronología de los estudios sobre el carácter del mexicano.[4] Me interesa, en cambio, mostrar críticamente la forma que adopta el mito a fines del siglo XX, pues me parece que los mexicanos debemos deshacernos de esta imaginería que oprime nuestras conciencias y fortalece la dominación despótica del llamado Estado de la Revolución mexicana. ¿Vamos a entrar en el tercer milenio con una conciencia nacional que es poco más que un conjunto de harapos procedentes del deshuesadero del siglo XIX, mal cosidos por intelectuales de la primera mitad del

[4] *Cf.* David Brading, *Los orígenes del nacionalismo mexicano*, Frederick C. Turner, *La dinámica del nacionalismo mexicano*, Henry C. Schmidt, *The Roots of Lo Mexicano* y Patrick Romanell, *La formación de la mentalidad mexicana* y Eduardo Montes, "La filosofía de lo mexicano: una corriente irracional".

siglo XX que pergeñaron un disfraz para que no asistamos desnudos al carnaval nacionalista?

El perfil moderno del alma mexicana —del "hombre nuevo" que la Revolución requería— no se forma en un arranque de súbito nacionalismo. De hecho, una gran parte de los rasgos del carácter mexicano es descrita, exaltada y criticada por los intelectuales positivistas y liberales de principios de siglo; el núcleo original de ideas puede ya encontrarse, por ejemplo, en las obras de Ezequiel Chávez, Manuel Gamio, Julio Guerrero, Martín Luis Guzmán, Andrés Molina Enríquez, Justo Sierra y Carlos Trejo Lerdo de Tejada.[5] Después, en una reacción antipositivista, surge el pensamiento de Antonio Caso y de José Vasconcelos, quienes hacen aportaciones fundamentales a la convocatoria de un nuevo espíritu nacional.[6] El arte mexicano, encabezado por los muralistas, realiza una contribución esencial en la exaltación del alma popular, aunque es preciso decir que a su manera la tarea nacionalista ya la habían iniciado el Doctor Atl y, aun, José María Velasco. Pero, por encima de todos los antecedentes, los grabados de José Guadalupe Posada son colocados en el centro del nuevo nacionalismo, como su auténtica expresión popular.[7] Durante los años treinta surge una reacción contra el nacionalismo revolucionario que, paradójicamente, va a convertirse en la principal responsable de la codificación e institucionalización del mito del carácter mexicano. En efecto, el grupo de escritores que tiene su origen en la revista *Contemporáneos* (1928-1931), por boca de su filósofo —Samuel Ramos— es el que curiosamente contribuye más a inventar el perfil del *homo mexicanus.*[8] En esa época volvieron a tener auge en Europa y en Estados Unidos los anti-

[5] *Cf.* especialmente las siguientes obras: E. Chávez, "Ensayo sobre los rasgos distintivos de la sensibilidad como factor del carácter del mexicano" (1901), M. Gamio, *Forjando patria* (1916), J. Guerrero, *La génesis del crimen en México* (1901), M.L. Guzmán, "La querella de México" (1915), A. Molina Enríquez, *Los grandes problemas nacionales* (1908), Justo Sierra, *México, su evolución social* (1900-1902), C. Trejo Lerdo de Tejada, *La revolución y el nacionalismo* (1916).

[6] A. Caso, *Discursos a la nación mexicana* (1922) y J. Vasconcelos, *La raza cósmica* (1925).

[7] Diego Rivera, *Las obras de José Guadalupe Posada.*

[8] S. Ramos, *El perfil del hombre y la cultura en México* (1934). Sobre los "contemporáneos" véase: Manuel Durán, *¿«Contemporáneos»: grupo, promoción, generación, conspiración?* y Louis Panabière, "Les intellectuels et l'Etat au Mexique

cuados estudios sobre el carácter nacional a los que fueron aficionados muchos sociólogos y psicólogos del siglo XIX. De alguna forma, se deja sentir en México la nefasta influencia de Georges Sorel, de Gustave Le Bon y de Ortega y Gasset, quienes contribuyen a inyectar en la clase media intelectual un verdadero pánico a la masificación del hombre moderno y al progreso de la sociedad industrial. Surge como alternativa el tipo de reflexión que, por ejemplo, popularizó ese conde báltico disfrazado de filósofo alemán, como han llamado acertadamente a Keyserling, quien recorría el mundo repartiendo verdades sobre las almas nacionales.[9]

A partir de 1950 las especulaciones sobre "lo mexicano" viven un auge extraordinario, apuntalado en forma decisiva por la publicación de *El laberinto de la soledad* de Octavio Paz, que recoge las reflexiones de todos sus antecesores. Además, con la bendición de Alfonso Reyes y bajo la dirección de Leopoldo Zea, se inicia la publicación de una serie de estudios sobre "lo mexicano" (de Jorge Carrión, José Gaos, Salvador Reyes Nevares y Emilio Uranga, entre muchos otros) que, junto con los libros de Paz, Ramos y Vasconcelos constituirán el *corpus* filosófico y literario del nuevo mexicano.[10] A él se agrega posteriormente un conjunto de estudios psicológicos y sociológicos (escritos por Aniceto Aramoni, Raúl Béjar, Rogelio Díaz Guerrero, Santiago Ramírez y muchos otros).[11] Estos ensayos intentaron infructuosamente darle una base científica a los estudios sobre "lo mexicano".

(1930-1940), le cas de dissidence des Contemporáneos". La tinta con que se ha ido dibujando "lo mexicano" proviene en gran medida del tintero de Villaurrutia, Gorostiza, Pellicer, Novo y Torres Bodet. El franco antinacionalismo de Jorge Cuesta no logró detener este proceso; al respecto véase el estimulante y esclarecedor ensayo de Christopher Domínguez, *Jorge Cuesta y el demonio de la política.*

[9] J. Plumyène y R. Lasierra. *Catálogo de necedades que los europeos se aplican mutuamente,* p. 47.

[10] *Cf.* un balance de este *corpus* en A. Villegas, *La filosofía de lo mexicano.* Villegas incluye en su libro sólo a los académicos universitarios (Caso, Vasconcelos, Ramos y Zea) y excluye a Paz, quien, sin embargo, con *El laberinto de la soledad,* ha escrito la mejor aportación a la "filosofía de lo mexicano". Evodio Escalante ha señalado la pertinencia actual del tema, en "¿Regresa la filosofía de lo mexicano?". Véase también la interesante tesis de doctorado de Patricia Ponce Meléndez, *Culture et Politique: le discours de l'intelligentsia mexicaine dans la recherche d'une identité.*

[11] Véase la bibliografía.

Varias docenas de filósofos, psicólogos, sociólogos y ensayistas han contribuido al estudio del carácter del mexicano durante también varias docenas de años. La imaginería nacionalista que han estimulado se encuentra surcada de contradicciones ideológicas y de antagonismos generacionales. Sin embargo, el mito del carácter nacional pareciera no tener historia;[12] pareciera como si los valores nacionales hubieran ido cayendo del cielo patrio para integrarse a una sustancia unificadora en la que se bañan por igual y para siempre las almas de todos los mexicanos. Los ensayos sobre el carácter nacional mexicano son una traducción y una reducción —y con frecuencia una caricatura grotesca— de una infinidad de obras artísticas, literarias, musicales y cinematográficas. Aunque he tomado en cuenta este hecho, sin embargo he preferido centrarme en el análisis de los ensayos sobre "lo mexicano" porque, aun cuando casi siempre sacrifican los valores estéticos, nos revelan con crudeza e ingenua simplicidad los ingredientes y las recetas con que se cocina el alma nacional. Me ha parecido interesante practicar un violento corte transversal a esta acumulación de mitos, codificados durante un largo periodo por los intelectuales mexicanos.[13] Pero no quiero hacer una descripción de la cultura intelectual, sino más bien destacar las ideas que han tenido más repercusiones "populares" y observar la forma en que se articulan unas a otras —a veces muy a pesar de sus autores— para formar un modelo o canon del "mexicano típico". Ni por un instante me detendré a discutir si existe o no ese "mexicano típico": es un problema completamente falso, que sólo tiene interés como parte del proceso de constitución de la cultura política do-

[12] Véase, por ejemplo, el estudio de Ruth Benedict *The Chrysanthemum and the Sword,* que no sin cierto encanto reduce la enorme complejidad histórica de la cultura japonesa a un estático manual para uso de políticos y militares norteamericanos, sobre la acertada manera de tratar de reeducar a los japoneses después de su derrota en la Segunda Guerra Mundial.

[13] El periodo que tomo en cuenta (1900-1968) está delimitado en sus inicios por los balbuceos positivistas (J. Guerrero) y, al final, por la obvia imposibilidad para explicar la circunstancia trágica de 1968 por medio del mito de "lo mexicano" (como puede constatarse en *Posdata* de Octavio Paz, publicado en 1969). En la obra de Guerrero, *La génesis del crimen en México,* publicada en 1901, también se apela —como hace Paz— a la barbarie ancestral para explicar a la nación.

minante. La idea de que existe un sujeto único de la historia nacional —"el mexicano"— es una poderosa ilusión cohesionadora; su versión estructuralista o funcionalista, que piensa menos en el mexicano como sujeto y más en una textura específica —"lo mexicano"—, forma parte igualmente de los procesos culturales de legitimación política del Estado moderno. La definición de "el mexicano" es más bien una descripción de la forma como es dominado y, sobre todo, de la manera en que es legitimada la explotación.

Me parece que estos mecanismos legitimadores no son, en la mayor parte de los casos, específicamente mexicanos. Forman parte de la larga historia de la cultura occidental, aunque se adaptan a la realidad mexicana. Por esta razón realizo una búsqueda de conexiones entre la simbología mexicana y diversos aspectos de la cultura europea. Esta paradoja ha sido ya notada por muchos: sólo se puede dibujar el alma nacional con tintas occidentales, razón por la cual la querella entre nacionalistas y malinchistas no tiene más sentido que el de alimentar la propia mitología nacionalista. Creo, por tanto, que la anatomía del alma mexicana puede proporcionar claves para entender algunos aspectos del moderno Estado occidental, es decir, capitalista.

Lo que aquí propongo al lector es un juego: se trata de penetrar en los mitos sobre el carácter del mexicano para observarlos como si fueran juguetes o piezas que se mueven en un tablero. Seguiré la lógica del juego y no la de cada escritor, saltando de una idea a otra, sin respetar su contorno personal o generacional, agrupando afirmaciones y apreciaciones aun cuando hayan sido elaboradas en contextos filosóficos diferentes u opuestos. Espero mostrar que hay una lógica del juego, que se sobreimpone a las expresiones particulares e individuales así como a las circunstancias precisas. Esta lógica del juego no es un mero capricho escogido al azar: es un reflejo de un proceso más amplio y de larga duración: las reglas que ordenan y orientan la legitimación del Estado mexicano moderno. Aunque, eso sí, soy responsable de agregarle un tono jocoso adicional al desarrollar el tema basado en la metáfora del axolote, ese mexicanísimo anfibio que habita en los lagos de la "región más transparente del aire". Hay quien traduce la palabra nahua *axólotl* como "juego de agua", y es evidente que su misteriosa naturaleza dual (larva/salamandra) y su potencial reprimido de metamorfosis son elementos que permiten que este curioso animal pueda ser usado como una figura para representar el carácter nacional mexicano y las estructuras de mediación política que oculta. Soy consciente de que al aplicar la metáfora del axolote violento la realidad: es mi intención confesada forzar la imaginería mexicana sobre el carácter nacional para introducirla a un canon o conjunto de estereotipos y observar, después, que el canon aparece en la cultura política mexicana como una representación tragicómica de la vida cotidiana de la masa del pueblo. Lo llamaré el canon del axolote. Como se puede comprobar, el uso del canon del axolote como metáfora de la cultura política provoca ciertas asociaciones entre los hechos sociales y los fenómenos biológicos, asociaciones de ideas que tradicionalmente se han alojado en la raíz del pensamiento nacionalista. Las ideas recapitulacionistas de Haeckel —a las que se liga el axolote— tuvieron su correlato en la sociología, en la política y en la psicología. La creencia de que el desarrollo de un individuo resume la evolución de la especie encuentra su versión paralela en la idea de que las naciones —como las personas— pasan por un ciclo vital completo (infancia, juventud, madurez, vejez y muerte). Las ideas de Jung sobre el inconsciente colectivo y los arquetipos son también una expresión del paralelismo mencionado.

Lo mismo ocurre con las ideas que intentan buscar en el carácter de los individuos una "recapitulación" de las peculiaridades de la nación. Este tipo de paralelismos sociobiológicos son inquietantes, aunque sólo sea por el terrible hecho de que contribuyeron a la cristalización del pensamiento fascista; pero, además de recordarnos los peligros del nacionalismo, el uso de metáforas biológicas en la reflexión sobre la cultura política nos puede ayudar a comprender los mecanismos recónditos de la hegemonía y de la legitimación del Estado moderno. Por otro lado, André Breton se percató del potencial simbólico del axolote: "Una parte de mi paisaje mental —y, por extensión, creo, del paisaje del surrealismo— está definitivamente limitado por México. En el escudo del surrealismo figuran por lo menos dos animales específicamente mexicanos, el helodermo sospechoso y el axolote rosa y negro." El axolote, como metáfora, hace también referencia a un tema clásico de la antropología, sobre el que ha reflexionado Lévi-Strauss: el "pensamiento salvaje" trata a las propiedades sensibles de la naturaleza animal como si fueran los elementos de un mensaje; de igual forma, las propiedades biológicas del axolote serán aquí observadas como signos, como un mensaje que llega a los mexicanos para instruirlos sobre su condición, su origen y su futuro.[14] Sin embargo, el contrapunteo con el tema del axolote es más una técnica de exposición que una reflexión solemne sobre las relaciones entre lo social y lo biológico. Es una técnica que permite jugar con la información —a lo largo de 22 viñetas—, de tal manera que la crítica se fusione de manera natural con el análisis.[15]

Umberto Eco dice que una novela es una máquina para generar interpretaciones. Es lo mismo, sin duda, lo que pretendieron Borges y Cortázar con sus juegos. No veo por qué no intentar algo similar en este ensayo, a pesar de que un ensayo es ya una interpretación. Pero debe ser un juego abierto, es decir, una interpretación para generar interpretaciones. Algunos lectores podrán pensar que, ofreciendo la realidad misma una faz opaca que es necesario descodificar, ¿para qué complicar más las cosas con un texto que, a su vez, pide ser descifrado? He querido con ello hacer evidente el nudo trágico con que se encuentran atadas las ciencias sociales e históricas, que descifran ciertos procesos y estructuras para codificarlos de nuevo, pero ahora con los signos y las claves de la época y de la circunstancia social en que vive el investigador.

[14] A. Breton "Souvenirs du Mexique". El *Holoderma suspectum* es el famoso monstruo de Gila, gigantesco lagarto venenoso típico del norte de México y del suroeste de Estados Unidos (cuenca del río Gila en Nuevo México). C. Lévi-Strauss, *El pensamiento salvaje,* pp. 388-389.

[15] Este tipo de técnica que permite jugar con la información lo usé también en mi libro *Las redes imaginarias del poder político,* en donde el contrapunteo se realiza con la tipología del Tarot y la escatología del Apocalipsis. Aquí he introducido, además de las técnicas narrativas características del cuento y de la viñeta, cierto juego con formas musicales polifónicas, como la fuga (en inglés el verbo jugar, *to play,* tiene el sentido doble con que lo uso: jugar y tocar un instrumento; y en español ocurre lo mismo con el término fuga: contrapunto y huida).

Espectadores y actores al mismo tiempo, no podemos más que aceptar una relación práctica —y dramática— con el objeto de nuestros estudios. Las metáforas que se desprenden del uso del axolote como modelo tienden a agruparse en los dos polos que simbolizan el teatro de las ciencias sociales: de un lado se encuentra el sujeto activo y dinámico, se halla la idea de la metamorfosis y del cambio, la noción del Yo interrogante. Del otro lado se halla el Otro pasivo y oculto, el objeto melancólico y estático. Así, la dualidad metamorfosis/melancolía pasará por diversas fases, para simbolizar una larga cadena de polaridades: Occidente y Oriente, civilización y salvajismo, revolución e inmovilidad, ciudad y campo, obreros y campesinos, razón y emoción, etcétera. Al practicar este juego trato, simplemente, de ejercer mi oficio de antropólogo en la forma clásica en que Malinowski lo definió:

> La antropología es la ciencia del sentido del humor. De este modo puede ser definida sin demasiadas pretensiones y sin burlas. Ya que vernos como otros nos ven no es más que el reverso y la contraparte del don de ver a los demás como realmente son y como quieren ser. Y éste es el *métier* del antropólogo. Tiene que derribar las barreras de raza y de diversidad cultural; tiene que encontrar al ser humano en el salvaje; tiene que descubrir al primitivo en el occidental altamente sofisticado de hoy y, tal vez, ver que en todas partes lo animal —así como lo divino— se encuentran en el hombre.[16]

Si ensayamos nuestro sentido del humor con suficiente agudeza tal vez encontraremos que también lo animal se encuentra en lo divino y lo occidental en el salvaje: en esta danza alocada de ideas y de transposiciones van apareciendo las formas en que se perfila la dominación, la explotación y el poder. Mi única discrepancia con la definición de Malinowski es que inscribe la antropología en un discurso unificador, en el cual cada aspecto —el salvaje, dios, el occidental, el animal— es parte de una cadena de trascendencias. Yo, en cambio, pre-

[16] Bronislaw Malinowski, "Introduction", en el excelente y conmovedor libro del antropólogo alemán Julius E. Lips, *The Savage Hits Back*, p. VIII.

fiero tomar como punto de partida la idea típicamente posmoderna o *desmoderna*[17] según la cual la ironía se encuentra en el hecho de que no existe una inocente, sublime y dialéctica totalidad —ni en los hechos ni en la teoría—, sino que nos enfrentamos a un mundo heterogéneo y dividido al que en este ensayo he querido encerrar —no sin una sonrisa— en la jaula de las metáforas: es decir, en la cárcel de un metalenguaje que va a servir para medir las cadenas de nuestra servidumbre y para invitarnos a romperlas.

[17] Posmoderno en el sentido en que lo usan Umberto Eco, *Postscript to The Name of the Rose*, Jean-François Lyotard, *The Postmodern Condition* y Frederic Jameson, "El posmodernismo o la lógica cultural del capitalismo tardío". A mí me gustan más las reverberaciones del término *desmodernidad*, pues denotan una aniquilación de tensiones por exceso de modernidad. En inglés podría denominarse *dismothernism*, pero sólo los latinos comprenderían el desmadre implícito en la traducción.

¡Y decidí convertirme en axolote, porque axolote se escribe con *x*!

Dibujo que ilustra el célebre estudio de Cuvier sobre el axolote mexicano, basado en los ejemplares que le llevó Humboldt.

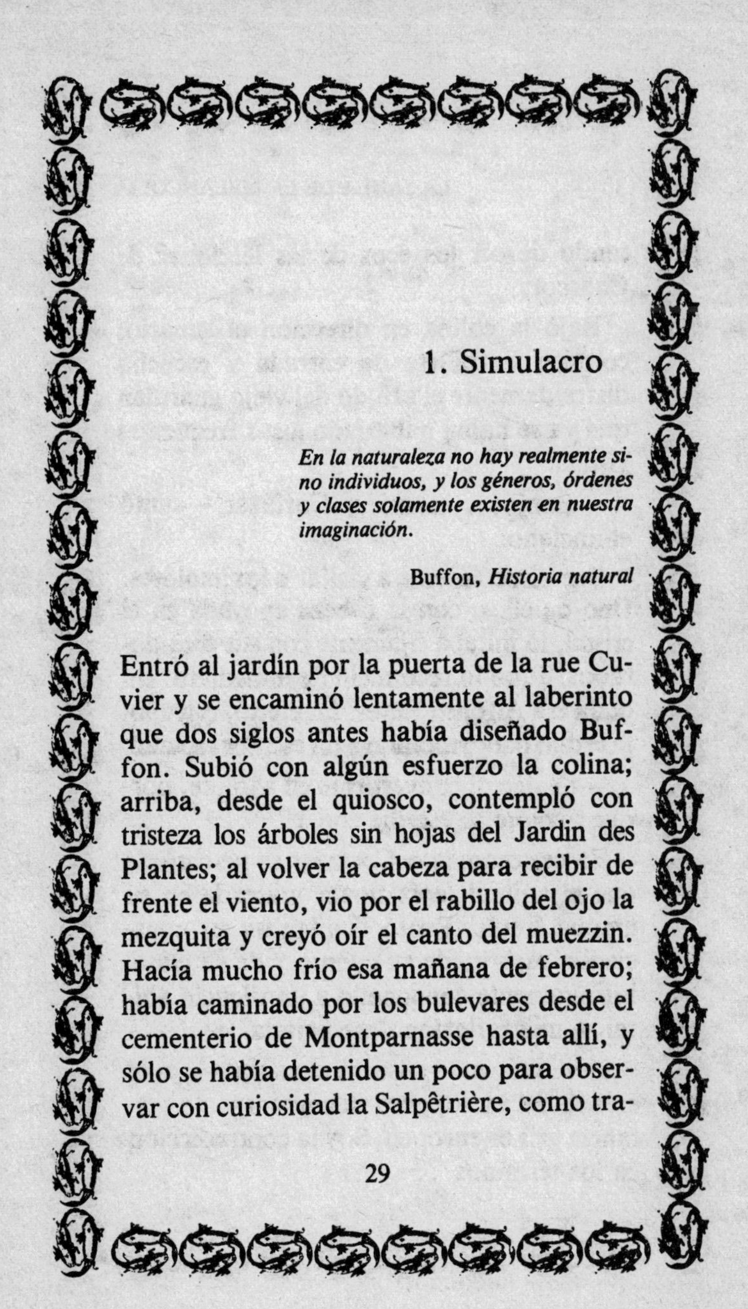

1. Simulacro

En la naturaleza no hay realmente sino individuos, y los géneros, órdenes y clases solamente existen en nuestra imaginación.

Buffon, *Historia natural*

Entró al jardín por la puerta de la rue Cuvier y se encaminó lentamente al laberinto que dos siglos antes había diseñado Buffon. Subió con algún esfuerzo la colina; arriba, desde el quiosco, contempló con tristeza los árboles sin hojas del Jardin des Plantes; al volver la cabeza para recibir de frente el viento, vio por el rabillo del ojo la mezquita y creyó oír el canto del muezzin. Hacía mucho frío esa mañana de febrero; había caminado por los bulevares desde el cementerio de Montparnasse hasta allí, y sólo se había detenido un poco para observar con curiosidad la Salpêtrière, como tra-

tando de oír los ecos de las lecciones de Charcot.

Bajó la colina en dirección al acuario; compró su billete de entrada y escuchó distraídamente el saludo del viejo guardián que ya se había habituado a sus frecuentes visitas.

—Bonjour, monsieur Cortázar —cantó el anciano.

Fue directamente a visitar a los axolotes. Uno de ellos, con la cabeza apoyada en el cristal, lo miraba fijamente con sus ojos dorados. Julio lo reconoció de inmediato: sin duda era Alfonso Reyes. En efecto, el axolote le dijo parafraseando a un escritor español:

—¡Y decidí convertirme en axolote, porque axolote se escribe con *x*!

En ese momento Cortázar se percató de que el animal tenía una *x* marcada en su amplia frente. Pensó que era un ser consciente, esclavo de su cuerpo y de su clase, infinitamente condenado a un silencio abisal, a una reflexión desesperada.

—Mi cráneo —susurró el axolote— es el cráneo del indio; pero su contenido de sustancia gris es europeo. Soy la contradicción en los términos...

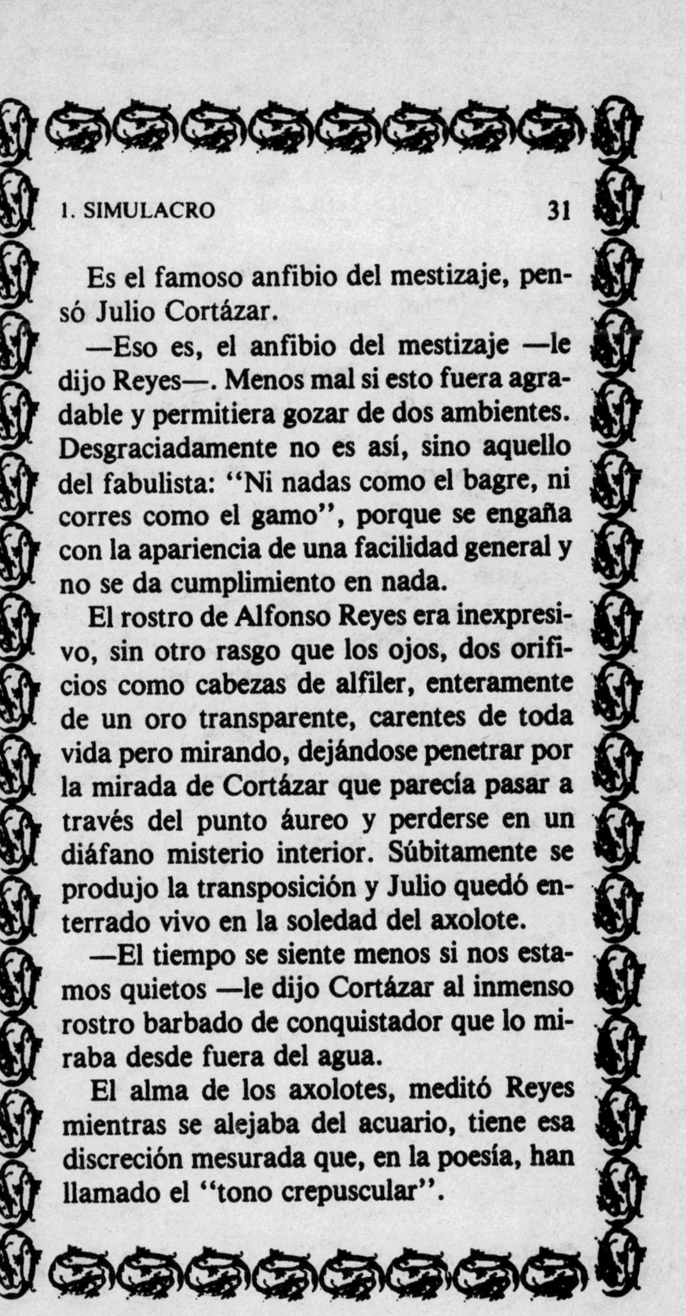

Es el famoso anfibio del mestizaje, pensó Julio Cortázar.

—Eso es, el anfibio del mestizaje —le dijo Reyes—. Menos mal si esto fuera agradable y permitiera gozar de dos ambientes. Desgraciadamente no es así, sino aquello del fabulista: "Ni nadas como el bagre, ni corres como el gamo", porque se engaña con la apariencia de una facilidad general y no se da cumplimiento en nada.

El rostro de Alfonso Reyes era inexpresivo, sin otro rasgo que los ojos, dos orificios como cabezas de alfiler, enteramente de un oro transparente, carentes de toda vida pero mirando, dejándose penetrar por la mirada de Cortázar que parecía pasar a través del punto áureo y perderse en un diáfano misterio interior. Súbitamente se produjo la transposición y Julio quedó enterrado vivo en la soledad del axolote.

—El tiempo se siente menos si nos estamos quietos —le dijo Cortázar al inmenso rostro barbado de conquistador que lo miraba desde fuera del agua.

El alma de los axolotes, meditó Reyes mientras se alejaba del acuario, tiene esa discreción mesurada que, en la poesía, han llamado el "tono crepuscular".

—Pues bien —pensó en voz alta Alfonso Reyes, mientras enfilaba sus pasos con prisa por el bulevar de l'Hôpital—: esta reserva, este freno, esta desconfianza, esta necesidad constante de la duda y la comprobación, hacen de los axolotes algo como unos discípulos espontáneos del *Discurso del método*, unos cartesianos nativos.

Siguió caminando por St. Marcel y subió por el bulevar Port-Royal. Quería llegar a tiempo al cementerio de Montparnasse: esa mañana gris de 1984 enterraban allí a Julio Cortázar, que había muerto la víspera. Se acordó, al llegar a las puertas del cementerio, que el axolote había murmurado como despedida:

—En esta soledad final, a la que no volverás, me consuela pensar que acaso alguien va a escribir sobre nosotros los axolotes.

2. El edén subvertido

Ningún andar lógico parecía poder sacarme de aquel calabozo lógico que traicionaba una melancolía.

Louis Aragon,
El sueño del campesino

Los campesinos suelen proyectar sobre la sociedad moderna una larga sombra de nostalgia y melancolía. Son los sobrevivientes de una época que no ha de volver y cuyo recuerdo despierta una tristeza íntima, pero capaz de expanderse por la sociedad para gestar un fenómeno cultural y político: esa "íntima tristeza reaccionaria" de la que hablaba López Velarde en un poema que comienza así:

> Mejor será no regresar al pueblo,
> al edén subvertido que se calla
> en la mutilación de la metralla.

No quiero tampoco proponer un retorno al edén subvertido, ni un estudio de la naturaleza del mundo rural. Quiero, en cambio, procurar una reflexión sobre la forma en que la cultura moderna crea o inventa su propio paraíso perdido; quiero explicarme la manera en que la sociedad industrial capitalista —como una *reacción* a sus propias contradicciones— busca insistentemente un estrato mítico, donde se supone que se perdieron la inocencia primitiva y el orden original.

En México, como en muchos países, la recreación de la historia agraria es un ingrediente esencial en la configuración de la cultura nacional; es, creo, su piedra clave sin la cual la coherencia del edificio cultural se vendría abajo. Pero no me refiero aquí a la obviedad de comprobar que la cultura nacional se nutre de la historia preindustrial del país y de las cenizas del campesinado. Quiero destacar —por el contrario— un proceso mediante el cual se *inventa* un edén mítico, indispensable no sólo para alimentar los sentimientos de culpa ocasionados por su destrucción,[1] sino también para trazar el perfil de la nacionalidad cohesionadora; indispensable, asimismo, para poner orden en una sociedad convulsionada por la veloz llegada de la modernidad y sacudida por las contradicciones de la nueva vida industrial. Estos campesinos pensados desde la ciudad y desde la cultura moderna son el fantasma, como Pedro Páramo, de recuerdos borrosos en la memoria colectiva: son los ancestros recordados que, como una larva en nuestro pensamiento, se reproducen constantemente. Este espacio edénico creado por la cultura nacional es una verdadera anti-utopía: su función es el deslinde del estatuto nacional, la definición del "auténtico" ser nacional por oposición a cualquier utopía que pretenda revolucionarlo (o contaminarlo). En este sentido, el edén subvertido puede ser definido como una *arqueotopía*; es decir: la imaginación, hoy, de un lugar previo y antiguo en el que reine la felicidad; pero es una felicidad pretérita y maldita que reposa en un profundo estrato mítico, enterrado por la avalancha de la Revolución mexicana y por el que sólo podemos sentir una emoción melancólica. En un lugar donde el presente y el pasado se confunden para excluir al futuro. La obra de Juan Rulfo es, sin duda, la que mejor revela y describe este estado primigenio de felicidad aplastada; Carlos Fuentes descubre con gran penetración la existencia en la obra de Rulfo del antiguo mito poscosmogónico "en el que la unidad primi-

[1] En México se ha *inventado* una tradición campesina; se trata de un proceso cultural-político muy poco explorado y apenas reconocido. Pero la invención de tradiciones no es un fenómeno excepcional: consúltese el estimulante libro de Eric Hobsbawm *et al.*, *The Invention of Tradition*, donde se explora la invención de tradiciones en Africa, Europa y la India. Por lo que se refiere al complejo de culpa, puede señalarse que de acuerdo a un estudio sobre la psicología del mexicano de clase media las dos palabras que más perturbaron a los encuestados fueron *misterio* y *culpa*. Le siguen en importancia las palabras referidas a la situación económica, al trabajo, a la enfermedad, a la familia y a la escuela. *Cf.* José Gómez Robleda, *Psicología del mexicano*.

genia se pierde al intervenir la historia". Agrega Fuentes: "Esta pugna histórica puede manifestarse épicamente, como celebración del poder humano, o trágicamente, como lamento de la pérdida de la unidad previa al poder."[2] Me parece que esto no sólo se puede aplicar a la obra de Rulfo, sino también a una porción considerable de la cultura contemporánea.

Sin embargo, creo que la gestación cultural de un imaginario edén subvertido no solamente es tributaria del mito primigenio poscosmogónico al que hace referencia Carlos Fuentes. Estamos también en presencia de la creación de un nuevo espacio mítico: moderno y dotado de poderes todavía —en gran medida— desconocidos e inexplorados. Por esta razón ensayaré, más que remontarme hacia sus orígenes primitivos, seguir el hilo conductor en el otro sentido: el de su función en la sociedad moderna. En este sentido, es necesario subrayar que la fuerza mitológica del paraíso perdido —del buen salvaje derrotado— no radica exclusivamente en su profundidad histórica, sino también en el hecho de que forma parte de una moderna red de mediaciones culturales y políticas; esta red tiene su propio dinamismo, relativamente distinto del que caracteriza al conjunto primigenio de mitos. La diferencia principal radica en el hecho de que la elaboración actual del mito del edén subvertido es parte de un amplio sistema de legitimación política, cuya efectividad se basa no sólo —ni principalmente— en que reproduce los más profundos arquetipos psicológicos, sino que logra reproducir (re-crear) las estructuras más profundas de la conflictiva social.

Una primera aproximación a este amplio sistema de legitimación —que he descrito en otro texto[3] como redes imaginarias del poder político— nos revela su carácter dual y dialéctico: es decir que logra traducir la conflictiva social a una polaridad esencial que tiende a trascender las contradicciones al crear toda suerte de procesos mediadores. Así, por lo que se refiere al edén subvertido, nos encontramos con que esta imagen separa dos grandes cadencias: la del tiempo original primitivo de la del tiempo

[2] "Rulfo, el tiempo del mito", *Juan Rulfo, homenaje nacional*, p. 24.

[3] El tema del espacio mediador lo he desarrollado en mi libro *Las redes imaginarias del poder político*. A lo largo de este ensayo lo abordaré desde otro ángulo.

histórico. La reconstrucción de un pasado rural mítico se enfrenta al horror real de la sociedad industrial. Es evidente que encontramos aquí el conocido arquetipo jungiano de Jano: la oposición del pasado y del futuro, el atrás y el adelante. Esta polaridad permea profundamente al pensamiento occidental; pero cuando éste se desarrolla en las situaciones límites de las sociedades del "tercer mundo", la polaridad adquiere una forma extraña y nebulosa que a veces, incluso, colinda con los terrenos de la locura.[4]

Aún está abierta la herida que la metralla revolucionaria de una sociedad moderna, orientada por los signos del futuro y del progreso, ha inflingido al pasado rural e indígena. A través de esta herida la cultura política resuella: y en nombre del dolor por el pasado quebrantado inventa un perfil del hombre actual que corresponde, punto por punto, al mito del edén subvertido. Así, los mexicanos que han resultado de la inmensa tragedia —que se inició en la Conquista y terminó en la Revolución— son habitantes imaginarios y míticos de un limbo violentado. El atraso y el subdesarrollo han terminado por ser vistos como manifestaciones de una infancia perenne e inmóvil que perdió su inocencia primitiva.

El mito del edén subvertido es una fuente inagotable en la que abreva la cultura mexicana. La definición actual de la nacionalidad le debe su estructura íntima a este mito. Por ello, es un lugar común pensar que los mexicanos resultantes del advenimiento de la historia son almas arcaicas cuya relación trágica con la modernidad las obliga a reproducir permanentemente su primitivismo. En esta paradoja se puede ubicar la metáfora de Alfonso Reyes según la cual los mexicanos son los anfibios del mestizaje: soportan todos los pecados de la

[4] Esta polaridad se expresa en la pareja paraíso/utopía, que es una forma de la contraposición entre melancolía y metamorfosis; puede consultarse un buen resumen de estos mitos en el libro *Del paraíso a la utopía*, de Louis Rougier. Al respecto, tal vez sea interesante citar dos grandes novelas europeas modernas que han penetrado en este territorio mítico, para indicar el sentido de mis reflexiones: *Un viaje a la India* de E.M. Forster y *Bajo el volcán* de Malcolm Lowry. Octavio Paz ha dicho, con razón, que "si el tema de Malcolm Lowry es el de la expulsión del paraíso, el de la novela de Juan Rulfo (*Pedro Páramo*) es el del regreso. Por eso el héroe es un muerto: sólo después de morir podemos volver al edén nativo". ("Paisaje y novela en México", *Corriente alterna,* pp. 17-18.)

modernidad, pero aún viven inmersos en la Edad de Oro. El edén subvertido en el que se encuentran es un instante eterno que se halla atrapado entre dos fisuras míticas: después del pecado original, cuando las mujeres y los hombres han probado el fruto del árbol de la ciencia, pero antes de ser expulsados del paraíso; en este instante trágico y maravilloso el hombre ya está agobiado por el pecado y la culpa, pero todavía goza de la bondad natural de su primera infancia.

El mito del edén subvertido está destinado a anclarse profundamente en la historia de las sociedades industriales; no es un mito pasajero. Su estudio en la realidad mexicana actual tiene, por ello, gran interés; además, el "trauma" que lo estimula lo tenemos todavía en el horizonte histórico: la Revolución mexicana y la consiguiente industrialización. Pero en México adquiere dimensiones de epopeya, por dos razones principales: en primer lugar, por la antigüedad del proceso, que arranca de la conquista española y adquiere la forma de choque y fusión de culturas diferentes; en segundo lugar —paradoja y drama—, porque el fin del mundo campesino es iniciado por una de las más grandes revoluciones campesinas del siglo XX.

El héroe de esta epopeya imaginaria es un personaje singular, pues pertenece a una estirpe de seres dolientes y agraviados. Es un ser extremadamente sensible, temeroso, receloso y susceptible.[5] Este héroe campesino ha sido encerrado en un calabozo lógico, emparedado entre un pasado de salvaje miseria y un presente de bárbara riqueza. Ha sido éste el punto de partida de la definición del mexicano del siglo XX: definición que ha ido aprisionando al imaginario ser melancólico en una mitología alimentada permanentemente por un séquito de poetas, filósofos, psicólogos, novelistas y sociólogos. Todos ellos, en nombre de ese mexicano de las postrimerías del segundo milenio, sienten "nostalgia de la muerte"; el creador de es-

[5] Curiosamente, Forster en *Un viaje a la India* afirma que la *sospecha maniaca* es el vicio que acosa a los hindúes, de la misma forma en que la *hipocresía* es el vicio británico. George Orwell, buen conocedor de la India, manifiesta su acuerdo con esta caracterización ("Reflections on Gandhi"). Muchos fenómenos modernos, entre ellos el nacionalismo, pueden interpretarse como una búsqueda de la comunidad perdida; véase al respecto el Libro de R.A. Nisbet, *The Quest for Community*.

ta metáfora, el gran poeta Xavier Villaurrutia, ha dibujado esa muerte antigua, *que nos precede,* con palabras melancólicas.

> Volver a una patria lejana,
> volver a una patria olvidada,
> oscuramente deformada
> por el destierro en esta tierra.

Aceptemos la invitación e iniciemos un viaje por esa patria mítica, por ese paraíso en zozobra que ha sido invocado como la fuente de la nación mexicana.

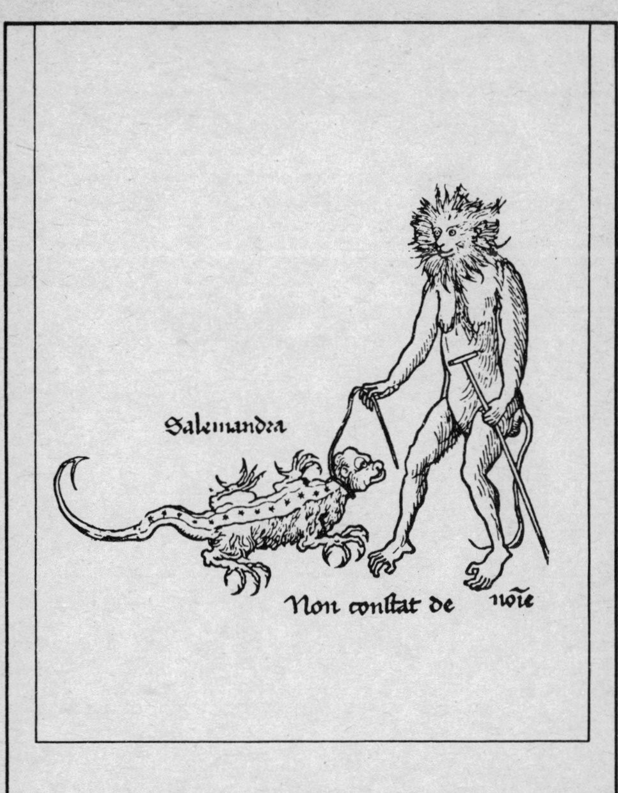

¿Retuvieron la ingenuidad primitiva al amar o maduraron anticipadamente sus deseos eróticos?

Fragmento de un grabado que ilustra el *Viaje a Tierra Santa* de Bernardo de Breidenbach publicado en 1486. Allí aparece una salamandra frente a la imagen femenina de un ser semihumano y salvaje, en una alegoría de la cadena universal del ser.

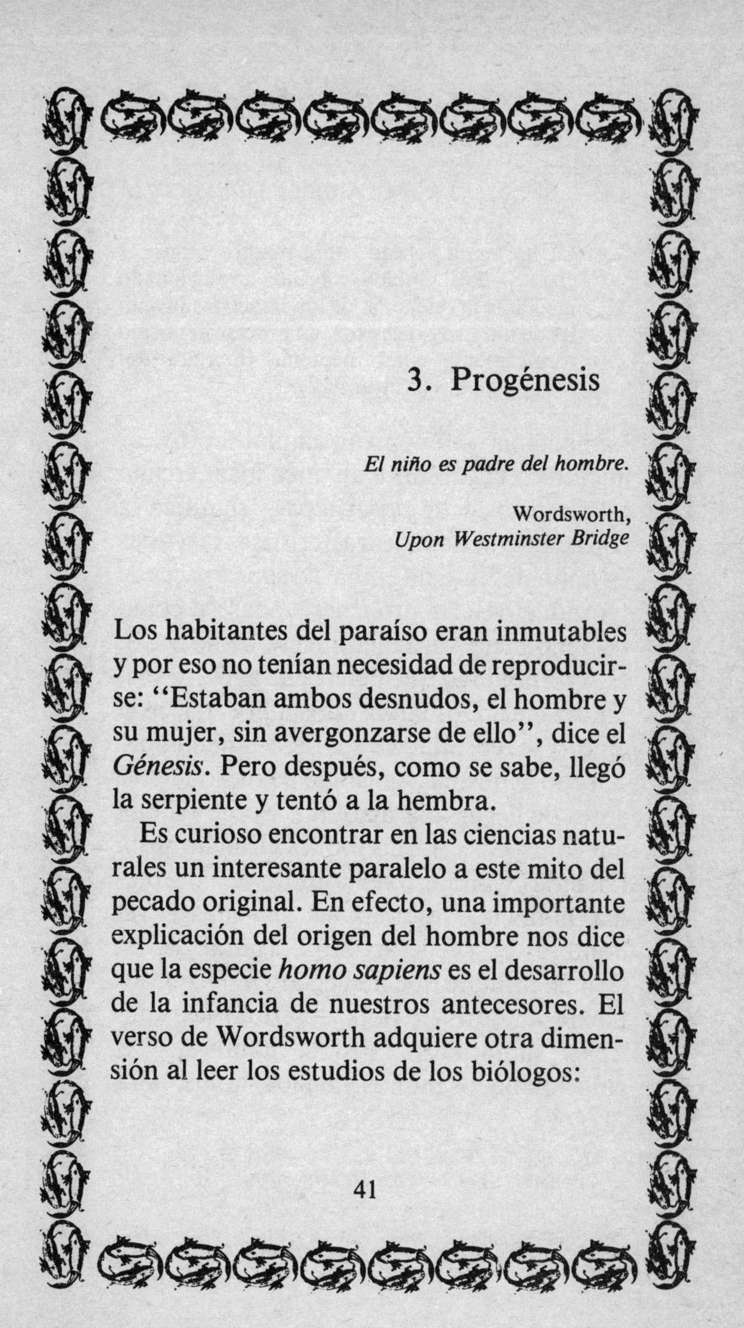

3. Progénesis

El niño es padre del hombre.

Wordsworth,
Upon Westminster Bridge

Los habitantes del paraíso eran inmutables y por eso no tenían necesidad de reproducirse: "Estaban ambos desnudos, el hombre y su mujer, sin avergonzarse de ello", dice el *Génesis*. Pero después, como se sabe, llegó la serpiente y tentó a la hembra.

Es curioso encontrar en las ciencias naturales un interesante paralelo a este mito del pecado original. En efecto, una importante explicación del origen del hombre nos dice que la especie *homo sapiens* es el desarrollo de la infancia de nuestros antecesores. El verso de Wordsworth adquiere otra dimensión al leer los estudios de los biólogos:

> La horrenda verdad sobre nuestro origen es clara —dice Gould—: hemos evolucionado mediante la retención de los caracteres juveniles de nuestros ancestros, un proceso conocido técnicamente como neotenia (literalmente, 'manteniendo la juventud').[1]

La neotenia —fenómeno similar a otro conocido con el nombre un poco más cercano a la mitología de *progénesis*— significa la conservación de las características larvarias en animales que sin embargo son capaces de reproducirse. La progénesis aparece como un fenómeno verdaderamente demoniaco: es la posibilidad que tiene la infancia de evitar la vejez. Dos larvas, dos niños, hacen el amor y se reproducen: sus descendientes nacen con la misma capacidad de reproducirse antes de llegar a la madurez. Surge así una nueva especie. Louis Bolk, el anatomista holandés y pionero del estudio de la neotenia humana, resumió así sus ideas: "el hombre, en su desarrollo corporal, es un feto de primate que ha llegado a ser sexualmente maduro".[2] Bolk describió las múltiples similitudes entre el hombre y el embrión de los monos y de los simios, para

[1] Stephen Jay Gould, *Ever Since Darwin*, p. 63.
[2] L. Bolk, *Das problem der Menschwerdung*.

sustentar su teoría: el cráneo redondo y bulboso, la cara "juvenil" (perfil recto, quijadas y dientes pequeños), la cerrazón tardía de las suturas del cráneo (lo que permite el crecimiento posnatal del cerebro), el dedo grueso del pie fuerte y no oponible (lo que nos ayuda a caminar erguidos), la ubicación del *foramen magnum* en la base del cráneo, apuntado hacia abajo (lo que permite mirar hacia adelante al estar en posición erguida), el canal vaginal de las mujeres apunta hacia el vientre (por lo que podemos copular muy cómodamente cara a cara). Todos ellos son rasgos de los embriones de muchos mamíferos y especialmente de los simios; con el desarrollo del embrión del simio estos rasgos se pierden: el cráneo se alarga, la cara se "endurece", se cierran las suturas craneanas, el dedo grande del pie se vuelve oponible permitiendo la actividad prensil de las extremidades inferiores, el agujero craneano en el que se conecta la espina dorsal se desplaza hacia la parte de atrás (de manera que en la posición cuadrúpeda los ojos se dirigen hacia adelante), el canal vaginal rota hacia atrás (por lo que el macho sólo puede cubrir a la hembra por la grupa). En resumen: la retención en la especie humana de los rasgos fetales y larvarios de sus ancestros permite la práctica de varios pecados extraños y originales, como caminar sobre los dos pies, trabajar con las dos manos y fornicar en formas sofisticadas y diversas.

Estrictamente hablando, neotenia y progénesis no son sinónimos; aunque en ambos casos hay una retención de caracteres juveniles, en la neotenia ello ocurre por el retardo en el desarrollo somático, mientras que en la progénesis hay una maduración sexual precoz. Unos son adultos con rasgos infantiles; otros son niños precoces. No sabemos qué ocurrió en el edén: ¿retuvieron la ingenuidad primitiva al amar o maduraron anticipadamente sus deseos eróticos?[3]

La idea de progénesis (y de neotenia) no es fruto de la mera especulación; es un fenómeno que los zoólogos observan empíricamente. El ejemplo más citado de neotenia es nada menos que nuestro axolote, ese extraño anfibio mexicano en torno al cual se han amalgamado historias y leyendas. El axolote es la larva acuática de una salamandra; es capaz de reproducirse para conservar así una eterna juventud y eludir, por

[3] Stephen Jay Gould, *Ontogeny and Philogeny*.

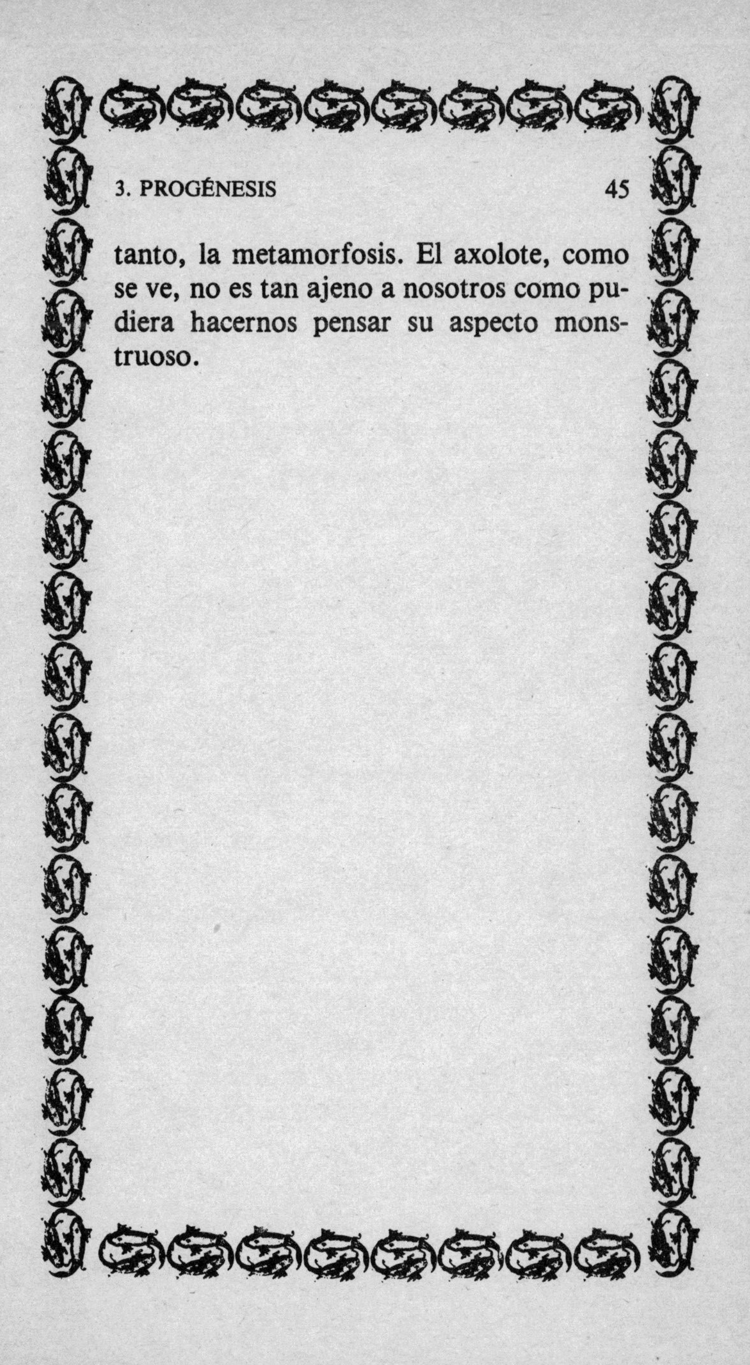

tanto, la metamorfosis. El axolote, como se ve, no es tan ajeno a nosotros como pudiera hacernos pensar su aspecto monstruoso.

4. El luto primordial

...el ritmo lento, melancólico y trágico de México, de ese México lugar de encuentro de distintas razas y antigua arena de conflictos políticos y sociales...

Malcolm Lowry, *Bajo el volcán*,
prefacio a la edición francesa

La cultura mexicana ha tejido el mito del héroe campesino con los hilos de la añoranza. Inevitablemente, la imaginería nacional ha convertido a los campesinos en personajes dramáticos, víctimas de la historia, ahogados en su propia tierra después del gran naufragio de la Revolución mexicana. La reconstrucción literaria del campesino es una ceremonia de duelo, un desgarramiento de vestiduras ante el cuerpo sacrificado en el altar de la modernidad y del progreso.

El luto humano, la novela de José Revueltas, es uno de los ejemplos más transparentes de este mito: es la historia de unos campesinos que son atrapados por una gran inundación, al tiempo que velan el cadáver de una pequeña niña; mueren ahogados y perseguidos por los zopilotes, como si fueran la carroña de la Revolución mexicana. El personaje central, sintomáticamente, se llama Adán: su vida es contada mientras su cadáver flota en el agua; al final, una imagen típica: "Sobre el cuerpo de Adán descendió el primer zopilote, uno de cuello atroz y alas ruidosas, como las de una cucaracha gigante."

La imagen que se va configurando del mundo rural siempre es la del pasado que ha sido necesario inmolar; por este motivo, la imagen se construye de manera paralela y muy similar a ese omnipresente arquetipo occidental al que tanto deben la psicología y la literatura: *la melancolía.*

En efecto, el catálogo de los síntomas clásicos de la melancolía es extraordinariamente semejante a los rasgos que la tradición sociológica y antropológica le asigna al campesino. Es asombroso el paralelismo entre la dualidad melancolía-manía de los psiquiatras y la polaridad rural-urbana de los antropólogos. El arquetipo de Jano está profundamente impreso en ambos paradigmas: la oposición entre un pasado que zozobra y un futuro que estalla es la que separa al mundo agrario del industrial. Los campesinos, desde la perspectiva moderna, son pasivos, indiferentes al cambio, pesimistas, resignados, temerosos e independientes.[1]

La psiquiatría clásica ha definido a los melancólicos por su lentitud, su estupor sombrío, su tristeza, amargura y languidez, así como por el miedo y el intenso deseo de soledad. Basta recorrer las páginas referentes a la melancolía en una historia de las enfermedades mentales para reconocer de inmediato el mundo nebuloso de Comala, como lo describe Rulfo en *Pedro Páramo.*

El "humor melancólico" era relacionado con la tierra y el otoño, y se definía por el miedo y la tristeza. Según Willis, era "una locura sin fiebre ni furor, acompañada de miedo y de tristeza";[2] de allí, se decía, que los melancólicos amasen la soledad. Esta locura pasiva que no llega al furor "es la locura en los límites de su impotencia", dice Foucault. Hay aquí una desesperación amarga y lánguida. En el melancólico, recuerda Foucault, "los espíritus eran sombríos y oscuros; proyectaban

[1] Véase un resumen de estos lugares comunes en Everett M. Rogers y Lynne Svenning, *La modernización entre los campesinos*, pp. 33-46. Un excelente estudio de la dualidad campo-ciudad en la literatura inglesa puede verse en *The Country and the City* de Raymond Williams. Véase además la idea de que existe una "cultura campesina" casi eterna en E.K.L. Francis, "The personality type of the peasant according to Hesiod's *Works and Days*, a culture case study", y P. Walcot, *Greek Peasants, Ancient and Modern.* Robert Redfield tomó de Francis la idea de asimilar en un solo tipo los griegos de Hesíodo, los mayas del Yucatán moderno y los habitantes de la campiña inglesa del siglo XIX. Esta clase de estudios ha contribuido a establecer el estereotipo del campesino. *Cf.* Robert Redfield, *Peasant Society and Culture.*

[2] M. Foucault, *Historia de la locura en la época clásica*, tomo I, p. 413.

sus tinieblas sobre las imágenes de las cosas y formaban, en la luz del alma, una especie de nube":[3] esto podría tomarse como una referencia a los campesinos de San Juan Luvina, "un lugar moribundo donde han muerto hasta los perros y ya no hay ni quien le ladre al silencio", como lo describe Rulfo.

El estereotipo del campesino, como ser melancólico, ha llegado a convertirse en uno de los elementos constitutivos más importantes del llamado carácter del mexicano y de la cultura nacional. Es preciso reconocer que una buena parte de lo que se llama el "ser del mexicano" no es más que la transposición, al terreno de la cultura, de una serie de lugares comunes e ideas-tipo que desde antiguo la cultura occidental se ha forjado sobre su sustrato rural y campesino. Como en la novela de Revueltas, el cadáver del campesino flota durante largo tiempo en la conciencia nacional; por eso, esta conciencia se presenta con frecuencia como una doble sensación de nostalgia y de zozobra, tan característica del síndrome de la melancolía. Se llega a creer firmemente que, bajo el torbellino de la modernidad —exacerbado por la Revolución—, yace un estrato mítico, un edén inundado con el que ya sólo podemos tener una relación melancólica; sólo por vía de la nostalgia profunda podemos tener contacto con él y comunicarnos con los seres que lo pueblan: pues esos seres edénicos son también seres melancólicos con quienes es imposible relacionarse materialmente, y sin embargo son la razón de ser del mexicano:

> Me arrancaré, mujer, el imposible
> amor de melancólica plegaria,
> y aunque se quede el alma solitaria
> huirá la fe de mi pasión risible.

Esto lo escribe López Velarde hacia 1905; de alguna forma, la idea melancólica se encuentra ya anclada como un firme estereotipo en la conciencia de la intelectualidad mexicana de esa época. En 1901, en un estudio verdaderamente divertido —y pionero— sobre la "psiquiatría social" del mexicano, se establecen con contundencia y solemnidad académicas los

[3] *Op. cit.*, p. 427.

rasgos del carácter mexicano. Muchos de los rasgos que menciona este estudio, cuyo autor es Julio Guerrero, serán retomados varias décadas después por diversos escritores —desde Samuel Ramos y Emilio Uranga hasta Jorge Carrión, Octavio Paz y Santiago Ramírez— para desarrollar la llamada "filosofía de lo mexicano". Aquí sólo quisiera transmitir, y se me perdonará la larga cita, la peculiar reflexión de Julio Guerrero sobre la melancolía:

> Cuando la atmósfera no está cargada, el espíritu se sosiega; pero la reacción es en sentido depresivo; y por eso el mexicano que no tiene alcohol, aunque no es triste por naturaleza, tiene largos accesos de melancolía; como lo prueba el tono espontáneo elegiaco de sus poetas, desde Netzahualcóyotl. . . , la serie inacabable de románticos en los tiempos modernos; la música popular mexicana, escrita en *tono menor;* esas danzas llenas de melancolía, que las bandas militares lanzan en los parques públicos a las brisas crepusculares, preñadas de suspiros y sollozos; y esas canciones populares que al son de la guitarra, en las noches de luna se entonan en las casas de vecindad. . . El medio en que habitamos suele transformar en tendencias melancólicas la gravedad del indio y la seriedad del castellano.[4]

A partir de esta manera de pensar Julio Guerrero comienza a tejer la mitología de las diversas facetas o máscaras del mexicano, ser singular en el que se contrapuntean la ferocidad y la misantropía, la burla y el estoicismo, el capricho y la pereza, la bestialidad y la falta de aspiraciones.[5]

Es interesante destacar que en el proceso de construcción e invención de la nación —y, por tanto, del carácter nacional—

[4] Julio Guerrero, *La génesis del crimen en México. Estudio de psiquiatría social,* pp.23-24. No es difícil encontrar el origen de estas apreciaciones. Humboldt escribió: "El indígena mexicano es grave, melancólico, silencioso, mientras los licores no lo sacan de quicio. . . Al mexicano le place hacer un misterio de sus actos más indiferentes: no se pintan en su fisonomía ni siquiera las pasiones más violentas; presenta un no sé qué de espantoso cuando pasa de repente del reposo absoluto a una agitación violenta y desenfrenada. . . ". *Ensayo político sobre el reino de la Nueva España,* tomo II, p. 86.

[5] *Op. cit.* A las ideas citadas se hace referencia en la p. 232 y ss., 231, 24, 34, 11, 321 y 139, en el orden enumerado.

nos tropezamos siempre con una paradójica confrontación con "lo otro". En esta confrontación el espacio de la conciencia propia se va poblando de estereotipos e ideas-fuerza que, a su vez, ejercen una relativa influencia en el comportamiento de los habitantes de una determinada nación. Veamos un ejemplo: no es difícil rastrear el origen de la idea que afirma que los mexicanos son abúlicos y perezosos (en Europa esta idea se extiende tanto a los latinos como a los eslavos); pero aun reconociendo la raíz colonialista y racista de esta idea, no cabe duda de que en cierta medida es tomada, elaborada y revalorada por la conciencia nacionalista, para oponerla con orgullo patriótico a los valores pragmáticos que se asignan a los anglosajones. Esta intención nacionalista queda plasmada muy claramente en la sinfonía *H.P.* (Caballos de Vapor) de Carlos Chávez, donde el músico contrastó la exuberancia tropical con los poderosos ritmos industrializadores del norte. Diego Rivera, quien influyó en la composición de esta sinfonía, también representó en varios murales la misma idea.

Así pues, nos encontramos con que, en la invención del carácter nacional, hay una búsqueda de ese Otro bárbaro que llevamos dentro, que es nuestro antepasado, nuestro padre: que fertiliza a la *madre* patria natural, la tierra, pero que al mismo tiempo la mancilla con su salvajismo primordial. De aquí viene ese ingrediente melancólico que observamos, en mayor o menor proporción, en todo sentimiento nacionalista. Es curioso hallar en esto un paralelismo con ciertas facetas de la formación del sentimiento religioso; ¿cómo no pensar en la típica compulsión castellana medieval de "ir a buscar el martirio entre los infieles" para configurar el espacio de la fe? Ese fue el primer impulso de Santa Teresa, que a temprana edad tuvo el intenso deseo de enfrentar el tormento que debían infligirle los moros, es decir, los Otros: al final, Santa Teresa se zambulló en sus moradas interiores en busca del castillo de Dios, y condenó la melancolía porque intuyó en ella —no sin cierta razón— una manera de realizar la propia voluntad, escapando no sólo de la realidad presente sino también de Dios.

Pero en la melancolía la voluntad también se orienta hacia el martirologio: la conciencia es enfrentada a los ancestros bárbaros —esos infieles del alma— y es obligada a odiarlos y sin embargo a exhibirlos como terribles cicatrices y deformidades. Tal vez por ello el personaje mítico que en México ha sido colocado como símbolo de toda la nación es el *pelado,* que es una especie de campesino urbano —valga la paradoja— semi-asfixiado por la ciudad, que ha perdido el edén rural y no ha encontrado la tierra prometida. En el *pelado* es recuperada la horrenda imagen porfirista y novohispana del *lépero;*[6] esa plebe, el leperaje, que era vista por los científicos del siglo XIX como un pozo sin fondo de vicios, de animalidad y de atavismos sanguinarios, resurge a los ojos de la intelectualidad posrevolucionaria como el *pelado,* dominado ciertamente por un sentimiento de inferioridad —según Ramos y Paz—, pero en el cual anida, oculta, la compleja tragedia de la soledad humana; o bien reaparece —según Yáñez— como el mexicano en estado de naturaleza, ser contradictorio en el que su "primitivismo realista", su violencia y su desconfianza dejan traslucir, no obstante, una "voluntad libertaria" y una "miseria orgullosa".[7] Estas breves imágenes ya nos dibujan una vaga silueta del héroe agachado, primer habitante imaginario del gran teatro edénico de la crueldad.

La intelectualidad mexicana ha convocado con frecuencia —desde el siglo pasado— a este personaje ancestral, mediante el incienso de la melancolía. Ha creído que sólo el éxtasis melancólico podía comunicar a los mexicanos con los estratos antiguos y profundos de una patria erigida al margen de la historia, en un momento equivocado y con materiales de desecho. Por ello tantos intelectuales mexicanos han escogido la tinta de la melancolía para dibujar el perfil de la cultura nacional. Si nos detenemos un poco a examinar el problema veremos que no se trata de un fenómeno exclusivo de la cultura mexicana, sino de un tema que tiene dimensiones históricas enormes.[8] De hecho, en toda la literatura latinoamericana

[6] Julio Guerrero, *op. cit.,* p. 159 y ss.

[7] Samuel Ramos, *El perfil del hombre y la cultura en México.* Octavio Paz, *El laberinto de la soledad,* 1959. Agustín Yáñez, "Estudio preliminar", *El pensador mexicano.*

[8] Jean Starobinski en "L'encre de la mélancolie" nos recuerda el conocido verso de Shakespeare: ". . . that in black ink my love may still shine bright". Véase también su "Histoire du traitement de la mélancolie dès origines à 1900".

moderna encontramos huellas de la actitud melancólica; no es necesario buscar mucho para toparnos con Rubén Darío:

Y en este titubeo de aliento y agonía,
cargo lleno de penas lo que apenas soporto.
¿No oyes caer las gotas de mi melancolía?

Este triste gotear fue escuchado en muchos lugares. En México lo retomó, por ejemplo, Luis G. Urbina, que en su conocido poema "Vieja lágrima", de 1909, dice:[9]

Hoy no lloro. . . Ya está seca mi vida
y serena mi alma.
Sin embargo. . . ¿Por qué siento que cae
así, lágrima a lágrima,
tal fuente inagotable de ternura,
tal vena de dolor que no se acaba?
¡Quién sabe! Y no soy yo: son los que fueron;
mis genitores tristes; es mi raza;
los espíritus apesadumbrados,
las carnes flageladas;
milenarios anhelos imposibles,
místicas esperanzas,
melancolías bruscas y salvajes,
cóleras impotentes y selváticas.

En estos versos se encuentra la versión mexicana de la misma locura melancólica que le fue diagnosticada a Don Quijote, y

[9] *Poesías completas*, tomo II, pp. 12-13. Véase también su poema "Sor Melancolía", inspirado en los famosos versos de Amado Nervo. Luis G. Urbina también escribió: "Mirando los campos de la Mesa Central, de un gris dorado y salpicado por los verdes florones de púas del agave. . . sentimos que en nuestro pecho se remueven oscuras añoranzas y vagas inquietudes, y, entonces, nos sentimos impregnados de la hierática *melancolía* de nuestros padres colhuas. Una resurrección sentimental se apodera de nuestro carácter de novohispanos. Y por eso nos inclinamos incesantemente a *melancolizar* nuestras emociones. A todo le echamos y le ponemos un tinte de *melancolía*. Y no sólo en las cuerdas líricas, sino hasta en nuestros arranques épicos, hasta en nuestra gracia risueña, hasta en nuestro fugitivo humorismo, solemos poner una arena de esa *melancolía*. Perfumamos regocijos y penas con un grano de copal del sahumerio tolteca", *La vida literaria en México*, p. 26 (subrayados míos, RB). Los estereotipos sobre la melancolía indígena pueden verse también expresados, en forma burda y obvia, en el libro del colombiano Armando Solano, *La melancolía de la raza indígena*.

que se ha ido destilando durante cuatro siglos de poesía española[10] hasta llegar a las soledades modernas de, por ejemplo, Antonio Machado:

> Yo no sé leyendas de antigua alegría,
> sino historias viejas de melancolía.

Y sí: se trata de una muy antigua historia. Cuando hablamos de melancolía nos sumergimos en un torrente de ideas y de imágenes que tiene una larguísima trayectoria en la historia europea. Me atrevería a afirmar que la idea de melancolía configura uno de los ejes fundamentales de la cultura occidental, que asombrosamente cruza los milenios desde el pensamiento aristotélico e hipocrático antiguo hasta el modernismo contemporáneo, atravesando el cristianismo medieval, iluminando el espíritu renacentista y nublando la mirada de los románticos. Cuando la cultura mexicana adopta a la melancolía como uno de sus signos distintivos y peculiares, en realidad está conectándose y diluyéndose en el amplio torbellino de la historia occidental.

La historia de la melancolía tiene muchas vertientes. Dos de ellas nos van a interesar. Una nos lleva a la tragedia de la Caída y, como ya lo señalé, al martirologio: el alma sufre angustias y tristezas inauditas que la enloquecen, por culpa de antiguos pecados. La otra conduce al drama del héroe o del genio que debe cargar con la pesada carga de la melancolía a cambio de la lucidez con que puede mirar al mundo y crear: es el terrible precio del conocimiento y del poder. Ambas vertientes se expresan en la cultura mexicana moderna.

Un escritor que ejerció una influencia determinante en la institucionalización de la conciencia nacional moderna —Martín Luis Guzmán—, en plena turbulencia revoluciona-

[10] Véase al respecto el libro de Guillermo Díaz-Plaja, *Tratado de las melancolías españolas*. Según Octavio Paz, Sor Juana Inés de la Cruz "fue una verdadera melancólica" (p. 286), que descubrió en este sufrimiento solitario una fuente de libertad: amar a Dios sin ser correspondida implicaba ensanchar los límites de la libertad humana al reducir el ámbito de la gracia divina (p. 388). Este sentimiento de libertad que hay en la melancolía es, como dije más arriba, precisamente el que Santa Teresa condenó, sin duda por haberlo experimentado, al igual que Sor Juana. *Cf.* O. Paz, *Sor Juana Inés de la Cruz o las trampas de la fe.*

ria buscaba angustiado, como tantos otros intelectuales antes y después que él, las causas originales de la tragedia mexicana. Ubicó con precisión los dos puntos dolorosos. En primer lugar, desde luego, los "genitores tristes": "desde la conquista o desde los tiempos precortesianos... —nos dice— el indio está allí, postrado y sumiso, indiferente al bien y al mal, sin conciencia, con el alma convertida en botón rudimentario, incapaz hasta de una esperanza". Pero, en segundo lugar, la sistemática inmoralidad de la política mexicana debe obedecer a un "mal congénito", dice Martín Luis Guzmán. En efecto:

> en el amanecer de nuestra vida autónoma —en los móviles de la guerra de Independencia— aparece un verdadero defecto de conformación nacional (inevitable por desgracia): *los mexicanos tuvimos que edificar una patria antes de concebirla puramente como ideal y sentirla como impulso generoso: es decir, antes de merecerla.*[11]

Todos los mexicanos modernos, de alguna manera, deben pagar por esos pecados originales.

Pero la otra vertiente de la historia de la melancolía nos hace pensar en una dimensión menos obvia de la conformación de la conciencia nacional mexicana; se liga a uno de los más antiguos temas que turban a la intelectualidad. Fue planteado por Aristóteles, a partir de la medicina hipocrática sobre los cuatro humores, uno de los cuales —la bilis negra— tuvo una importancia creciente en la definición no sólo de una enfermedad (la melancolía) sino de un peculiar estado de ánimo. Este es el famoso *Problema XXX, I* de Aristóteles: "¿Por qué todos aquellos que han alcanzado la eminencia en filoso-

[11] Martín Luis Guzmán, "La querella de México" (1915), pp. 13 y 14-15, subrayado de M.L. Guzmán. Otras apreciaciones en el mismo tono redondean su idea: "La población indígena de México es moralmente inconsciente; es débil hasta para discernir las formas más simples del bienestar propio; tanto ignora el bien como el mal, así lo malo como lo bueno" (p.13). "Nacimos prematuramente, y de ello es consecuencia la pobreza espiritual que debilita nuestros mejores esfuerzos, siempre titubeantes y desorientados" (p. 15).

fía o poesía o las artes son claramente melancólicos, y algunos de ellos lo son tanto que son afectados por enfermedades causadas por la bilis negra?''

A partir de la respuesta de Aristóteles, que establece un símil entre la acción embriagante del vino y la influencia de la bilis negra, queda dibujado el carácter extraordinario —aunque doliente— del genio melancólico que en su éxtasis es iluminado por los dioses. La locura y el genio son fenómenos cercanos que se confunden. El espíritu renacentista sacó del olvido esta antigua idea, y la conectó con la tradición galénica que había perdurado. De aquí surgen las explicaciones neoplatónicas de Ficino en *De vita triplici* (1482-1489) sobre el genio melancólico, que ejercieron una considerable influencia. Desde ese momento la melancolía será un ingrediente muy importante en la literatura y el arte: Durero realizará su famoso grabado y Robert Burton escribirá su monumental obra *The Anatomy of Melancholy* publicada en Oxford en 1621. La melancolía se convertirá en la enfermedad típica de la alta cultura en la Inglaterra isabelina, será retomada por el romanticismo alemán y se transformará en un ingrediente esencial del modernismo decimonónico.[12]

Desde entonces se establecen ciertas reglas del juego intelectual, que en parte todavía son vigentes hoy. Por medio de la melancolía el artista y el escritor (y el político: ¿quién no ha

[12] Sobre la melancolía hay una amplísima literatura. Véase especialmente: L. Babb, *The Elizabethan Malady. A Study of Melancholia in English Literature from 1580 to 1642*; R. Burton, *The Anatomy of Melancholy*; Klibansky, Panofsky y Saxl, *Saturn and Melancholy*; M.A. Screech, *Montaigne & Melancholy*; S. Wenzel, *The Sin of Sloth: Acedia in Medieval Thought and Literature.* Un ejemplo significativo de los extremos ridículos a los que lleva la preocupación sobre el vínculo entre genio y locura puede encontrarse en la obra de Cesare Lombroso, *L'Uomo di Genio* (1888); en las páginas 40 y ss. se refiere a la melancolía. Lombroso creía, por otro lado, que el criminal era un tipo intermedio entre el loco y el salvaje. Jaime García Terrés, en *Poesía y alquimia,* ha destacado la importancia de la melancolía en la poesía de Gilberto Owen, relacionándola con el famoso ''soleil noir'' de ''El desdichado'' de Nerval, y con la simbología que usaron Víctor Hugo, Baudelaire, Rimbaud y Proust. García Terrés dice con razón que unas formas de la demencia —el furor sagrado, la manía, el delirio intuitivo, la posesión divina— son vistas como ''lo único que puede arrancarnos de la fascinación por lo amorfo que invade al alma en estado de acidia o de aridez'' (p. 24). La melancolía es simultáneamente el vértigo por el caos y la añoranza por la unidad primigenia.

oído hablar de la soledad del presidente?) establecen un nexo con las fuerzas oscuras de la sociedad y del alma, y configuran un contacto noble con la tragedia del pecado original. La melancolía impulsa al genio a elevarse, en éxtasis, por encima de la humanidad: un éxtasis que permite al alma alejarse del cuerpo, impulsada por una profunda nostalgia de la misma terrenalidad que abandona. Por eso el amor, el clímax sexual, la ebriedad o la valentía en medio de la batalla han sido consideradas como formas de éxtasis. El hombre que imita el gesto y la pose del ángel de la melancolía, de Durero, es considerado como un visionario y debe ser admirado por la profundidad de su pensamiento: sufre una pena antigua y usa el dolor para elevar su espíritu, como Hamlet. También desde fines de la Edad Media, en la Francia renacentista la *tristesse* era considerada una emoción aristocrática que sugería una noble sensibilidad; y la melancolía sugería al genio, con base en más de mil años de tradición griega y latina. En el estado melancólico confluyen peligrosamente el genio y la estupidez, el hombre excepcional y la bestia, el civilizado y el campesino. Pero había distintas clases de melancolía: Robert Burton, citando a Du Laurent, comenta que el humor melancólico "debe mezclarse con sangre y con algo adusto, de manera que el viejo aforismo de Aristóteles pueda ser verificado, *nullum magnum ingenium sine mixtura dementia,* no hay gran talento sin una mezcla de locura".[13] El terrible peligro es que el genio puede caer en una forma bestial y grosera de locura: como los enfermos de melancolía que diagnosticaban los médicos. Esa locura melancólica que incluso los médicos novohispanos, desde el siglo XVI, comienzan a diagnosticar: ". . . les sobrevienen a los enfermos unas tristeças behementes y un deseo de dar cuchilladas a los que topan. . . ", explicaba López de Hinojosa. Otro médico, fray Agustín de Farfán, describía la melancolía: "unos andan llenos de miedo y sobresaltos y traen afijado en la imaginación que se mueren; que les parece que se acaban a cada paso". Juan de Barrios, en 1607, define así el mal: ". . . es un delirio sin calentura, con temor y tristeza; la parte que este mal padece es el cerebro, está la imaginación

[13] R. Burton, *op. cit.*, tomo I, 3:3, p. 485.

depravada del humor melancólico".[14]

El intelectual encuentra que, a pesar de todo, hay algo que une su angustia con las pavorosas miserias del inframundo de la sociedad: la hez de la sociedad, los campesinos más pobres, los muertos de hambre del campo, tienen algo en común con el letrado: la soledad. Una soledad que "es nostalgia de un cuerpo del que fuimos arrancados" dice Octavio Paz.[15] Arrancada de la matriz paradisiaca y terrenal, el alma vaga en busca de una nueva Edad de Oro, de una nueva patria. En ese viaje la mayoría se perderá en el laberinto de un delirio atrabiliario; pero unos cuantos llegarán a un éxtasis melancólico y podrán guiar a su pueblo hacia la nueva nación prometida. . .

[14] Alfonso López de Hinojosa, *Summa y recopilación de Chirugía. . .*, cap. VIII del Libro Primero "De menarchia y tristeças", ed. A. Ricardo, México, 1578. Agustín Farfán, *Tractado breve de medicina y de todas las enfermedades,* 1592, Edic. facs., Col. Inc. Amer., vol. X, Edit. Cultura Hispánica, Madrid, 1944. Juan de Barrios, *Verdadera medicina, cirugía y astrología,* México, 1607. Citados en Somolinos d'Ardois, *Historia de la psiquiatría en México.*

[15] *El laberinto de la soledad,* p. 172. Esta nostalgia de la totalidad es una peculiaridad de la estética moderna, que encuentra en el culto a lo sublime —lo inalcanzable— un consenso normativo unificador. *Cf.* Jean-Françoise Lyotard, *The Postmodern Condition,* pp. 80-81. En el mismo sentido, es preciso advertir que sería erróneo asociar el sentimiento de soledad exclusivamente al mundo atrasado y rural, a América Latina o a México (como el ensayo de Paz o, incluso, la novela *Cien años de soledad* de García Márquez podrían inducirnos a suponer). La soledad aparece como un ingrediente indispensable del sentimiento de pertenencia a un cuerpo nacional abstracto, hacia el que se siente un apego que crece en la medida en que aumenta la separación real entre los individuos, lo que ocurre de manera masiva en las grandes ciudades de las regiones industrializadas. Allí se generaliza la forma moderna de soledad como sentimiento de aislamiento con respecto al *otro.* A partir de este sentimiento es frecuente que se transfiera al *otro* el sufrimiento de la soledad: la soledad de los vecinos, de los campesinos, de los salvajes del tercer mundo: si no los entendemos o si parecen mudos y pasmados, es que están incomunicados en la soledad de un jeroglífico sin sentido. Un estudio clásico sobre el carácter de los norteamericanos se asienta precisamente sobre la noción de soledad: *The Lonely Crowd* de David Riesman. Julián Marías, en *Los Estados Unidos en escorzo,* defiende una idea similar: "los Estados Unidos están definidos por una potencia misteriosa y tremenda: la soledad" (p. 60).

Su resistencia a metamorfosearse
en salamandras los obliga a una maravillosa
revolución: a reproducir infinitamente
su larvario primitivismo.

Ilustración del axolote en la *General Zoology or Systematic Natural History* de George Shaw, publicada en Londres en 1802. Lámina 140 firmada por Hill, p. 612, vol. III, parte II.

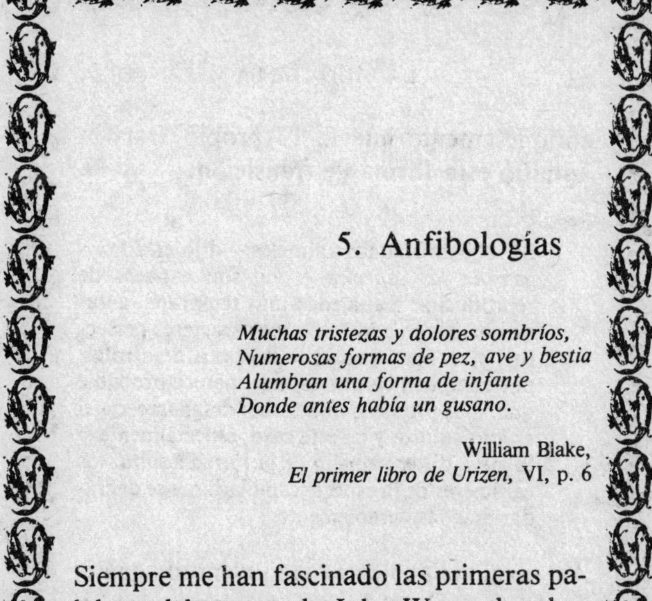

5. Anfibologías

Muchas tristezas y dolores sombríos,
Numerosas formas de pez, ave y bestia
Alumbran una forma de infante
Donde antes había un gusano.

William Blake,
El primer libro de Urizen, VI, p. 6

Siempre me han fascinado las primeras palabras del ensayo de John Womack sobre Emiliano Zapata: "Este es un libro acerca de unos campesinos que no querían cambiar y que, por eso mismo, hicieron una Revolución. Nunca imaginaron un destino tan singular." En esto los axolotes son igual que los campesinos de Morelos; su resistencia a metamorfosearse en salamandras los obliga a una maravillosa revolución: a reproducir infinitamente su larvario primitivismo. De esta forma se produce una súbita transición, y se crea una especie

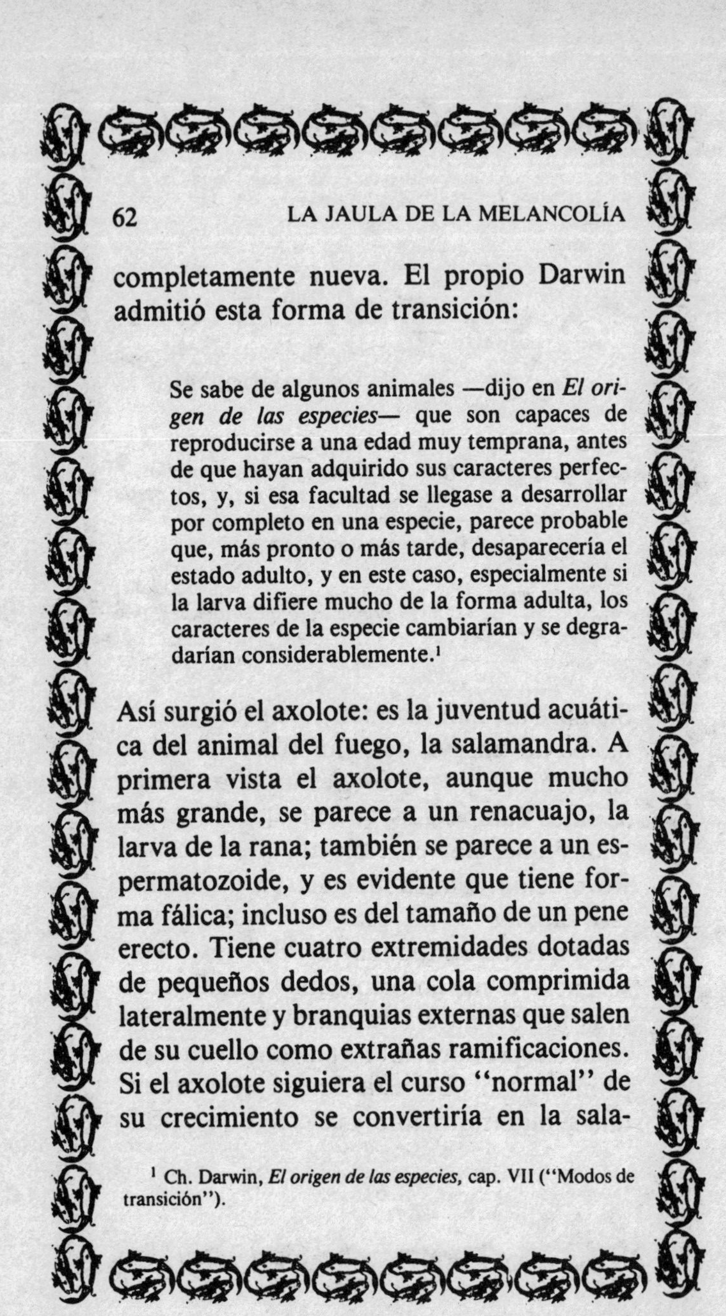

completamente nueva. El propio Darwin admitió esta forma de transición:

> Se sabe de algunos animales —dijo en *El origen de las especies*— que son capaces de reproducirse a una edad muy temprana, antes de que hayan adquirido sus caracteres perfectos, y, si esa facultad se llegase a desarrollar por completo en una especie, parece probable que, más pronto o más tarde, desaparecería el estado adulto, y en este caso, especialmente si la larva difiere mucho de la forma adulta, los caracteres de la especie cambiarían y se degradarían considerablemente.[1]

Así surgió el axolote: es la juventud acuática del animal del fuego, la salamandra. A primera vista el axolote, aunque mucho más grande, se parece a un renacuajo, la larva de la rana; también se parece a un espermatozoide, y es evidente que tiene forma fálica; incluso es del tamaño de un pene erecto. Tiene cuatro extremidades dotadas de pequeños dedos, una cola comprimida lateralmente y branquias externas que salen de su cuello como extrañas ramificaciones. Si el axolote siguiera el curso "normal" de su crecimiento se convertiría en la sala-

[1] Ch. Darwin, *El origen de las especies,* cap. VII ("Modos de transición").

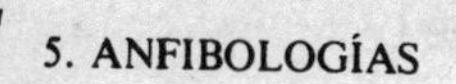

mandra tigre (*Ambystoma tigrinum velasci*, Dugès 1888), anfibio que habita principalmente en la región de los lagos de Texcoco y Zumpango. Esta salamandra es negra con manchas amarillas. El axolote vive, por su parte, en las aguas del lago de Xochimilco, y es del color del lodo. ¿Por qué no se metamorfosea? Al no hacerlo inventa una nueva especie. ¿Por qué?

Los axolotes encierran un misterio, son un nudo de signos extraños. Desde la mitología de los antiguos mexicas, pasando por naturalistas clásicos hasta escritores actuales, el axolote ha creado a su alrededor una sensación de misterio. El axolote es el hermano gemelo de Quetzalcóatl; es, más tarde, compañero de viaje de Humboldt y huésped de Cuvier; se ha asomado al siglo XX a través de un conocido cuento de Julio Cortázar y en los versos de un famoso biólogo, Garstang.[2] Y siempre que aparece el

[2] *Cf.* "Axolotl" de Julio Cortázar. Los versos de W. Garstang los reproduzco a continuación, en inglés, pues no sólo son muy simpáticos sino además sintetizan las peculiaridades de los axolotes:

> *Amlystoma's a giant newt who rears in swampy waters,*
> *As other newts are wont to do, a lot of fishy daughters:*
> *These Axolotls, having gills, pursue a life aquatic,*
> *But when they should transform to newts, are naughty*
> *[and erratic.*

axolote se dibuja el misterio del Otro, de lo diferente, de lo extraño; pero se dibuja en su forma primitiva, larval, esquemática: por lo tanto, aterradora en su sencillez. El axolote es una metáfora viva de la soledad. Pertenece a la extraña estirpe de Gollum, ese engendro de Tolkien en *El señor de los anillos*. Para mí está claro que si los axolotes no existieran, los hubiera debido inventar Lovecraft. Pero la zoología ya los atrapó, y los clasifica de la siguiente manera:[3]

CLASE: *Amphibia*
SUBCLASE: *Urodeles*
ORDEN: *Salamandroidea*
FAMILIA: *Amystomidae*
SUBFAMILIA: *Ambystominae*
GENERO: *Ambystome*
ESPECIE: *Axólotl* (A. Mexicanum, Shaw 1789)

They change upon compulsion, if the water grows too
[foul,
For then they have to use their lungs, and go ashore to
[prowl:
But when a lake's atractive, nicely aired, and fool of
[food,
They cling to youth perpetual, and rear a tadpole brood.
And newts Perennibranchiate have gone from bad to worse:

They think aquatic life is bliss, terrestrial a curse.
They do not even contemplate a change to suit the weather,
But live as tadpoles, breed as tadpoles, tadpoles altogether!

[3] B. Grzimek, *Animal Life Encyclopedia*.

6. El tiempo sin sentido

Y es que allá el tiempo es muy largo.

Juan Rulfo, "Luvina"

El hombre, en su estado de naturaleza, fue colocado por Rousseau al margen de la historia y del acontecer. En esa situación, "que no existe ya, que quizá no existió, que probablemente no existirá jamás", el hombre se encontraría feliz en su inmovilidad, viviendo un tiempo inacabable que se deslizaría con lentitud e indiferencia. Esta imagen del tiempo mítico tiene una larga y ramificada historia en el pensamiento occidental; además, muestra innumerables y contradictorias facetas. Ha sido, de manera típica, la idea que el hombre de la ciudad se ha forjado de la barbarie rural; o la idea que ha impuesto el "civilizado" acerca del modo de vivir de los "salvajes" de Africa y de América. El pensamiento occidental llegó a fundir sus nociones del espacio y del tiempo con las ideas del progreso histórico. Así, se configuró un estereotipo cultural eurocentrista que llegó a considerar, digámoslo así, que la coordenada temporal iba de *oriente a occidente;* este eje era cruzado por otra coordenada (vertical) según la cual en el *norte* siempre hay *bárbaros* y en el *sur* se hallan los *salvajes.* Así, el punto *0* donde se cruzaban las coordenadas cartesianas representaba el *aquí-ahora* del observador "civilizado". El progreso tenía que pasar peligrosamente entre los bárbaros del norte y los salvajes del sur, siempre en dirección a occidente. El progreso se veía amenazado aun desde dentro, desde un "profundo sur" de la propia metrópoli. Para Voltaire, por ejemplo, no sólo había hombres primitivos en Africa o en el Nuevo Mundo: "Salvajes como esos hay en toda Europa", decía; y explicaba:

> rústicos que viven en sus chozas con sus hembras y algunos animales, expuestos sin cesar a toda la intemperie de las estaciones; que no conocen más que la tierra que los nutre y el mercado al que van algunas veces a vender sus géneros para comprar algunos vestidos burdos; que hablan una jerga que no se oye en las ciudades; que tienen pocas ideas y, por consiguiente, pocas expresiones. . .[1]

No es aquí el lugar para detenernos a describir la forma en que estas ideas llegan hasta nuestros días. El hecho es que a principios del siglo XX un ilustre profesor francés, Lucien Lévy-Bruhl, recogió esta tradición y dedicó sus mejores esfuerzos a explicar las "funciones mentales en las sociedades inferiores". Su libro, *La mentalidad primitiva,* es un manual ya en desuso que los antropólogos rechazan: pero muchas de las ideas que allí se expresan forman parte de la cultura política actual y de la mitología moderna. En este sentido los antropólogos harían bien en volver a leer a Lévy-Bruhl. Yo quiero ahora referirme a un solo aspecto del problema: la noción del tiempo que es asignada a los hombres primitivos.

Lévy-Bruhl establece que la "mentalidad prelógica primitiva" ignora generalmente los nexos de causalidad que unen a los fenómenos en el tiempo y en el espacio; predomina la idea de una "causalidad mística e inmediata" basada en la existencia de potencias ocultas y fuerzas oscuras. Lévy-Bruhl reivindica como "lógica" la noción kantiana de una red universal de causas y efectos. La razón profunda de la diferencia entre civilizados y primitivos, piensa Lévy-Bruhl, radica en que el pensamiento de estos últimos oculta la verdadera

[1] Cit. por Michéle Duchet, *Antropología e historia en el siglo de las luces,* pp. 265-66. Una buena perspectiva del trasfondo medieval de las imágenes del hombre "primitivo" (nobles salvajes, paraísos terrestres, pueblos no hebraicos y no europeos, etc.), estudiada desde el periodo patrístico hasta Joachim de Florus, puede consultarse en el libro *Essays on Primitivism* de George Boas. Es sorprendente la sobrevivencia de muchas ideas medievales en los tiempos modernos.

causalidad con el velo de una idea mística; por ello la mentalidad primitiva con frecuencia tiene un carácter *extraespacial* y *extratemporal.* Dice Lévy-Bruhl:

> el tiempo nos parece . . . un *quantum* homogéneo, divisible en partes idénticas entre sí y que se suceden con perfecta regularidad. Mas para espíritus a quienes son indiferentes estas series regulares de fenómenos en el espacio. . . , que no prestan ninguna atención ni reflexionan sobre la sucesión irreversible de causas y efectos, ¿cuál es la representación del tiempo? Falta de soporte, no puede ser sino indistinta y mal definida.[2]

La idea que sobre el tiempo el hombre civilizado le asigna al primitivo se encuentra terriblemente distorsionada por su propia noción del acontecer. En la mente de Lévy-Bruhl impera la idea kantiana del espacio y del tiempo; según esta concepción, que es la que domina en la vida cotidiana, no hay relación entre el espacio y el tiempo. El espacio es una noción estacionaria y —según Kant— es una forma intuitiva de nuestro sentido *externo*; en cambio el tiempo es una forma intuitiva de nuestro sentido *interno.* En la percepción kantiana y civilizada el tiempo *fluye* en forma independiente del espacio, y es un concepto absoluto. Es evidente que la concepción kantiana, a los ojos de un físico moderno, es a su vez una idea un tanto primitiva y salvaje. Desde que Einstein desarrolló su teoría de la relatividad, sabemos que no es posible separar el espacio del tiempo.

Einstein, preocupado por las nociones espacio-temporales, se interesó en plantearle a Piaget el tema de las ideas subjetivas del tiempo en el niño. Quería saber si el niño se iniciaba pensando con ideas relativistas o como un absolutista newtoniano: ¿la intuición subjetiva del tiempo es inmediata o es derivada, en el niño? Como sabemos, de acuerdo a la física newtoniana la velocidad es derivada de las nociones absolutas de tiempo y distancia. En cambio, para Einstein las cosas son

[2] Lucien Lévy-Bruhl, *La mentalidad primitiva,* pp. 84-5. Basta estudiar el fenómeno del ritmo en la música "primitiva" o los conocimientos de los fenómenos naturales ligados a la agricultura para comprender lo absurdo de las conclusiones de Lévy-Bruhl.

al revés: la velocidad tiene un carácter primario y el tiempo es derivado. Los estudios de Piaget le permitieron contestar que la velocidad y la distancia son intuiciones primarias en el niño, y que la idea del tiempo se va desprendiendo gradualmente de ellas. El tiempo, en el niño, no es una noción absoluta.[3]

Pero es precisamente la idea de un tiempo absoluto —sin ninguna relación con el espacio—, y que fluye hacia *adelante* a una velocidad regular, lo que permite asignar a las mentes primitivas un ritmo vital apacible y lento, o incluso una completa inexistencia de ritmo. Por eso el europeo se extraña de las nociones de las tribus nigerianas; Lévy-Bruhl cita al mayor A.G. Leonard, quien explica que:

> lo que nosotros, europeos, llamamos el pasado, está ligado al presente y éste en su circuito está ligado al futuro. Pero para esta gente, creyendo en una vida de dos existencias que nada separa y que se sumergen una en la otra, como lo humano en lo espiritual y lo espiritual en lo humano, el tiempo en realidad no tiene las divisiones que tiene para nosotros. Por lo mismo, carece de valor y objeto, y por esta razón lo tratan con un desprecio y una indiferencia enteramente inexplicables para el europeo.[4]

La idea de una visión homogénea del sentido del tiempo compartida por todos los hombres primitivos no proviene de la realidad de los pueblos no europeos ni de los bárbaros que viven sumergidos en el seno de la civilización occidental. Esta supuesta homogeneidad es el fruto imaginario que construye el racionalismo mecánico anclado en la noción de *progreso:* sólo así podemos explicarnos que en todas partes el hombre civilizado contemple de manera similar a sus antepasados o a sus contemporáneos primitivos. Incapaz de comprender la nueva mitología en la que se encuentran sumergidos, muchos hombres civilizados observan al mundo rural y primitivo como un espacio desprovisto de tiempo o inmerso en un tiempo

[3] J. Piaget, *Le développement de la notion de temps chez l'enfant.*

[4] Mayor A.G. Leonard, *The lower Niger and its Tribes,* p. 181, cit. por Lévi-Bruhl, *op. cit.,* p. 85.

mítico. "Al tiempo mítico indígena —dice Carlos Fuentes— se sobrepone el tiempo del calendario occidental, tiempo del progreso, tiempo lineal."[5] Ciertamente así es, con una importante salvedad: que el *tiempo occidental también es un tiempo mítico;* sus mitos —diferentes a los de la cultura prehispánica— son precisamente los de la línea, el progreso, el futuro, el calendario gregoriano. Y uno de sus mitos centrales es precisamente la invención de otro tiempo mítico ligado al edén primitivo, en contraste con las nociones modernas del acaecer histórico.

Para la mente civilizada el primitivo trata al tiempo con desprecio e indiferencia; el salvaje y el bárbaro son definidos por su lentitud natural y su abulia. De aquí proviene también la idea de su desprecio por la muerte: "La indiferencia del mexicano ante la muerte —dice Octavio Paz— se nutre de su indiferencia ante la vida."[6] Pues en la medida en que el valor de la vida se mide en términos de ese *quantum* o fluido homogéneo, medible y divisible en partes iguales —como define Lévy-Bruhl el *tiempo occidental*— es evidente que un espacio vital que parece inmóvil y cruzado por líneas de tiempo cualitativamente distintas entre sí, carece de valor a los ojos de la mente occidental moderna.

La variedad de nociones del tiempo entre los pueblos llamados primitivos es enorme. Los indios cree de Norteamérica, una de las tribus algonquinas, ignoraban los días en que no podían ver la luna. Los habitantes de las islas Trobriand solían clasificar los acontecimientos pasados —tanto los míticos como los reales— ya sea en un presente universal o bien en una clase diferente de tiempo (que no era considerada previa al tiempo presente). En el valle de Luapula, en el norte de Rodesia, el tiempo también era desdoblado en dos partes, dependiendo de si los acontecimientos se ligaban a una histo-

[5] *Tiempo mexicano,* p. 26. Se ha contrastado el sentido "occidental" del tiempo con las nociones que dominan en la India, donde se niegan "a comprender la corriente del tiempo del pasado al futuro bajo la forma de un tiempo cuantitativo con el cual la duración temporal puede ser medida". El jainismo y el budismo, con base en su visión de la incertidumbre de la vida, comprenden la experiencia en virtud de las fases cambiantes del mundo. *Cf.* Hajime Nakamura, *Ways of Thinking of Eastern Peoples,* p. 81.

[6] *El laberinto de la soledad,* p. 48.

ria personal particular o a la historia universal. Por su parte, los aranda de Australia occidental dividían el tiempo diario en 25 partes.[7] Todas las formas de acotar y calibrar el tiempo, por más extrañas que nos parezcan, son coherentes con el mundo cultural que las crea, de acuerdo a diferentes necesidades: desde las más simples tareas ligadas a la regularidad de los trabajos agrícolas y pastorales, hasta las complejas nociones cosmogónicas. Y en realidad no son tan ajenas a nuestra sociedad occidental: ¿será necesario recordar que hubo motines populares, exigiendo los once días perdidos, cuando en Inglaterra se adoptó el calendario gregoriano, y el 3 de septiembre de 1752 se convirtió en día 14? ¿No sabemos que hay un tiempo de oficina, uno de la calle y otro del hogar, completamente distintos?[8] ¿Acaso el mundo fabril no ignora por completo las "horas libres"? ¿Acaso no se considera que los acontecimientos que guarda el inconsciente —según los freudianos— permanecen en un presente eterno, al margen del tiempo?[9] La cultura moderna también tiene sus mitos. . .

La cultura política occidental ha generado el mito de los dos tiempos: el tiempo edénico no dosificable de acuerdo a la racionalidad industrial y el tiempo progresivo y dinámico del hombre civilizado. Esta polaridad encubre la gran diversidad de expresiones subjetivas del tiempo, que tienen formas de expresión cultural extraordinariamente ricas y variadas. Basta una ojeada sin prejuicios a los tratados de etnografía para comprender que la gran diversidad de formas de conciencia del tiempo en los pueblos llamados primitivos, no se puede homogeneizar; la única homogeneidad la crea la visión occidental, por medio de un procedimiento de exclusión: toda manifestación que escapa al "sentido común" de la sociedad industrial es considerada como parte de un tiempo mítico ancestral único. Igualmente falso es reducir las nociones del acontecer que cristalizan en las sociedades industriales a una forma única: la de esos capataces del espíritu que pretenden dosificar organizadamente el transcurso de la vida de acuerdo

[7] J. Cohen, *Psychological Time in Health and Disease.*
[8] M. Halwachs, "La mémoire collective et le temps".
[9] Marie Bonaparte, "Time and Unconscious".

a los ritmos de las oficinas y las fábricas. Pero lo que interesa destacar aquí no es la falsedad de esta concepción bipolar del tiempo: lo que me parece interesante es señalar la existencia de un mito moderno sobre un tiempo primigenio contrapunteado al tiempo de la edad moderna.

Este mito es el origen de uno de los rasgos que con mayor insistencia se han asignado al carácter mexicano. El sentido del tiempo (y de la distancia) que se le asigna al mexicano es la misma noción que, como hemos visto, es atribuida al campesino y al hombre primitivo por los habitantes de las ciudades. "Sólo el tiempo es en México dócil y manso", dice Jorge Carrión, autor de un conocido ensayo sobre el carácter del mexicano; y continúa:

> No tiene hitos y únicamente el día se diferencia de la noche. Sabemos de las estaciones por las hojas de los calendarios, pero no por las de los árboles. Un día sucede a otro manifiestamente igual, y aun la noche cae dulcemente como si temiera alterar este *ritmo parsimonioso del tiempo*.[10]

Se trata de un ente urbano que contempla con asombro el mundo rural: como no percibe diferencias ni movimientos, cree que el tiempo no transcurre. Es obvio que el campesino percibe muy bien las estaciones del año, pero no le importa que más al norte las hojas de los árboles caigan en otoño: le interesa la forma en que las estaciones suceden en su región. Sin embargo, el estereotipo debe imperar:

> El mexicano se adapta a este *transcurrir temporal imperceptible. No siente el tiempo*. No vive la necesidad de hacer hoy lo que puede hacer en un mañana idéntico y no es puntual porque ningún signo de la naturaleza le apremia a serlo. Por eso, y por la transparencia del aire, las distancias del mexicano se miden 'tras lomita'. Tras lomita es la *ecuación sociológica de un tiempo sin jalones* y una perspectiva clara, libre de obstáculos.[11]

[10] Jorge Carrión, *Mito y magia del mexicano* (subrayados míos. RB).
[11] *Op. cit., loc. cit.*

Un psicólogo ha resumido así la idea: "los mexicanos perciben de tal manera el tiempo que piensan que pasa más lentamente que para los de otras nacionalidades".[12] El mismo autor comenta el hecho de que los mexicanos son considerados tradicionalmente como "perezosos", en contraste con los norteamericanos que son "activos" y "eficientes": "lo que sucede —nos explica este psicólogo— es que los mexicanos se caracterizan por formas *pasivas* de encarar el *stress* (la tensión)".[13] Ya al escritor español José Moreno Villa le había llamado la atención ese signo de la mano con que el mexicano indica una espera: señalando con los dedos que es necesario esperar un "momentito" o "tantito", "el mexicano desmigaja el tiempo, lo hace migas, para que no lo coaccione ni comprometa".[14] La inmensidad del tiempo que cabe en el pequeño espacio que separa el pulgar del índice es un misterio que desespera al europeo, al civilizado. El hombre occidental moderno —es otro mito— no tolera la espera. No entiende qué sucede durante el larguísimo rato —larguísimo para él— que transcurre entre la hora de comenzar y el comienzo, o entre la hora de la cita y la cita. ¿Qué sucede durante la espera? ¿Es realmente una espera? ¿Qué se oculta en ese lapso inaccesible? Moreno Villa no duda en calificar la actitud mexicana como una "pasividad asiática", opuesta a la civilización europea que está impregnada de una voluntad de vivir en marcha perpetua; en contraste, el mexicano es un hombre acurrucado (se refiere a la peculiar forma indígena de sentarse o encuclillarse), lo que le parece una imagen asiática unida a la quietud, a la pasividad y al ensimismamiento.[15] Esto nos conecta a la antigua visión europea del asiático como ser bárbaro o salvaje; es el *homo asiaticus* de Linneo: *"luridus, melancholicus, rigidus, pilis nigricantibus, oculis fuscis, reverus, fastuosus, avarus"*. La "culta Europa" así veía a los bárbaros del norte, a los eslavos, verdaderos representantes

[12] Rogelio Díaz-Guerrero, *Psicología del mexicano,* p. 15.

[13] *Op. cit.*, p. 155.

[14] *Cornucopia de México,* p. 30.

[15] *Op. cit.*, p. 46. La idea mexicana de la muerte le parece también un rasgo "asiático".

del asiatismo dentro de la civilización: "Lo que denominamos fatalismo y resignación del pueblo ruso no parece ser otra cosa en el fondo que esta despreocupación del porvenir. ¿Para qué inquietarse?, piensa. Nada cambiará el mal *presente* y ¿qué importa el *mañana*?"[16] En la misma línea se habla de su "melancolía", "apatía natural", "resignación pasiva", "indolencia" y "falta de energía y voluntad". El propio Samuel Ramos dedica un capítulo de su famoso libro sobre la cultura mexicana al "egipticismo" indígena: es la rigidez de la muerte que se expresa en el arte prehispánico, en el que la dureza de la piedra vence la fluidez de la vida: por ello en México la vida "se desliza con una lentitud semejante a la inmutabilidad de los pueblos asiáticos".[17] Esta peculiaridad es, para Ramos, un fenómeno trascendente que no se explica por los siglos de dominación colonial: "No creemos que la *pasividad del indio* sea exclusivamente un resultado de la esclavitud en que cayó al ser conquistado. *Se dejó conquistar tal vez porque ya su espíritu estaba dispuesto a la pasividad.*"[18]

El hombre de la sociedad capitalista moderna cree que los campesinos y los primitivos viven sumergidos en la pasividad; esta creencia es debida a un simple mecanismo psicológico que determina la estimación subjetiva del tiempo en el hombre. Paul Freisse es quien lo ha formulado con mayor

[16] Fouillée, *Bosquejo psicológico de los pueblos europeos,* p. 502. El mito de la pereza rusa fue representado por Oblamov, héroe de la novela del mismo nombre, de Iván Alexandrovich Goncharov, y famoso por ser probablemente el único personaje literario que tarda más de cien páginas en levantarse de la cama. El embajador francés (1914-1917) Maurice Paléologue en sus memorias insistió en la indolencia, lasitud y torpor del carácter ruso; "los rusos —escribió— ven la realidad a través de la bruma de los sueños, y no tienen nunca nociones precisas del tiempo o del espacio". M. Paléologue, *An Ambassadors Memoirs,* Londres, 1973, citado por R. Hingley, *The Russian Mind,* p. 41.

[17] S. Ramos, *El perfil del hombre y la cultura en México,* p. 36.

[18] *Op. cit.,* p. 36 (subrayados míos, RB). Una versión "comprensiva" del estereotipo del mexicano, como ser semioriental, dirigida al público de Estados Unidos se encuentra en el primer capítulo de *Vecinos distantes. Un retrato de los mexicanos,* de Alan Riding. Allí puede verse no sólo un resumen del mito del mexicano, sino una "traducción" de los códigos de la cultura mexicana a los códigos de la cultura norteamericana. Trata de hacer entender que los mexicanos tienen una "filosofía del tiempo totalmente diferente" (a la occidental, se sobrentiende): "Si el pasado está seguro, el presente se puede improvisar y el futuro vendrá por sí mismo" (p. 17).

precisión: cuanto mayor es el número de cambios observados, tanto más larga es la duración aparente. Es decir, que la estimación subjetiva de la duración depende del número de cambios percibidos y que han quedado en la memoria en el momento de la estimación: la duración se infla o se vacía según las posibilidades de la memoria.[19]

Se trata de una situación paradójica, como ha señalado Cohen;[20] un periodo de tiempo (de reloj) ocupado en actividades absorbentes o lleno de acontecimientos interesantes, parece transcurrir rápidamente, mientras que las tareas repetitivas o tediosas alargan el tiempo. Pero vistas retrospectivamente las cosas se invierten, y opera la regla señalada por Freisse: el tiempo gastado en tareas alegres y atractivas, al recordarlo, parece extendido y muy largo; en contraste, los intervalos monótonos y vacíos son recordados como periodos compactos y breves. Un hombre de la ciudad percibe pocos cambios en la vida rural, y por eso cree que allí el tiempo se estira interminablemente. Un europeo que no es capaz de interpretar los significados sociales y culturales de lo que ocurre en una sociedad no occidental, creerá que allí el tiempo transcurre con lentitud. Al mismo tiempo, al recordar sus experiencias en medios rurales o no occidentales es fácil que minimice y reduzca considerablemente la importancia del espacio temporal en que transcurre la historia (o, incluso, pensará que allí no hay historia).

En la cultura europea hay una antigua tradición, que ha sido apuntalada por Descartes, Kant e incluso Bergson, que busca comprender el deslizamiento del tiempo en términos de los estados internos de la conciencia. En las experiencias interiores se busca la unidad del fluir temporal. El tiempo es percibido, siguiendo esta tradición, como "el intervalo consciente entre una necesidad y su satisfacción" —según la expresión de Guyau.[21] De hecho, la idea del tiempo acaba siendo la de una suerte de filtro que tamiza u obstaculiza el proceso de alcanzar la satisfacción: la noción de aburrimiento se convierte

[19] P. Fraisse, "Des différents modes d'adaptation au temps".
[20] J. Cohen, *op. cit.*, pp. 84 y ss.
[21] J. M. Guyau, *La genèse de l'idée de temps.*

en sinónimo de tiempo (en alemán *langeweile* quiere decir tiempo largo, fastidio ante una situación inevitable). Pues el tiempo acaba por ser el obstáculo que dificulta la terminación de una tarea, cuando el impulso inicial se ha agotado: en ese momento el hombre se vuelve consciente del tiempo, y le parece demasiado largo, monótono y aburrido.[22] Esa es la tragedia del hombre occidental: el tiempo absoluto que ha concebido como medida de todas las cosas es el fastidio, el hastío: "En su forma pura —dice Levelle— la conciencia del tiempo es aburrimiento: es decir, la conciencia de un intervalo no cruzado por nada y que nada puede llenar."[23] Bachelard confirma esta percepción: "Encontramos *duración* en el tiempo sólo cuando lo encontramos *demasiado largo.*"[24]

En la reflexión occidental hallamos una curiosa identificación: al salvaje que vive supuestamente sin conciencia precisa del fluir del tiempo se le atribuye esa peculiar melancolía que en realidad es una emanación del hombre occidental, para quien a veces el tiempo del reloj transcurre con lentitud, comparado con el ritmo desenfrenado de los pensamientos nostálgicos que destila su conciencia; a pesar de que, como se dice, se trata muchas veces de una nostalgia del futuro, de un sentimiento utópico. A diferencia de Rousseau —para quien la inmovilidad originaria era una situación idílica y feliz— en México la pasividad se vive en forma trágica. Emilio Uranga habla de una "herida ontológica" que destila melancolía, y considera que en cuatro versos de López Velarde se encuentran todos los elementos del carácter del mexicano *(inactividad, melancolía, emotividad):*

> Tarde de lluvia en que se agravan
> al par que una íntima tristeza
> un desdén manso de las cosas
> y una emoción sutil y contrita que reza.
>
> ("La tejedora")

[22] P. Fraisse, *The Psychology of Time*, p. 203.
[23] L. Levelle, *Du Temps et de l'etérnité*, Aubier, París, 1945, citado por Fraisse, *op. cit.*, p. 203.
[24] G. Bachelard, *La dialectique de la durée*, p. 48.

No es posible dejar de reconocer la impronta profunda del romanticismo nacionalista en esta zambullida en las fuentes primordiales del carácter del mexicano. Para crear el mito del hombre moderno es necesario reconstruir al hombre primordial y originario; es necesario generar una conciencia trágica de la oposición entre el bárbaro y el civilizado; es indispensable crearle al hombre moderno un pasado mítico, para que la propia modernidad pueda —aparentemente— despojarse de mitos y enfrentar racionalmente la construcción del futuro. Quiero subrayar que la tradición romántica que se advierte fácilmente en la literatura y en el pensamiento mexicanos (Vasconcelos es el mejor ejemplo) no es solamente una expresión de la influencia del irracionalismo alemán: las ideas románticas reproducen y recrean un proceso cultural y político muy difundido y que rebasa con creces el marco histórico en que se desenvuelve la literatura romántica. Este proceso cultural-político está relacionado con la creación de *escenarios trágicos* en los cuales la sociedad moderna, al igual que la antigua, proyecta héroes y mitos. La influencia de las ideas de Weber nos ha hecho creer que la sociedad moderna es un mundo racional, funcional y desencantado en donde los mitos y la magia no tienen cabida. Grave error: la sociedad industrial capitalista, así como el socialismo que conocemos, generan constantemente ceremonias, ritos, cultos y símbolos. Las ideas de científicos como Comte y Bachofen, aunque frustradas, son premonitorias al haber querido fundar nuevas religiones. Los diálogos del catecismo positivista comtiano invitan a un culto religioso de las Leyes Invariables de la Razón Positiva; Bachofen proponía adorar la trinidad ctónica Tierra-Madre-Muerte en su proyecto de exaltar la conciencia mítica, pues para él los mitos son potencias del alma que hunden sus raíces, no solamente en los tiempos primitivos, sino en las fuerzas fundamentales.[25]

[25] *Cf.* A. Comte, *Catecismo positivista o exposición resumida de la religión universal.* Las ideas de Bachofen fueron retomadas y resumidas por Beumr en su famosa introducción a la edición de 1926 (Munich) de las obras del gran etnólogo: "Der Mythus von Orient und Okzident", donde señalaba el carácter ahistórico del mito y concluía con la conocida frase: "el mito no sólo ahonda en los tiempos primitivos sino también en las simas primigenias del alma humana". Citado por H. Lefebvre, *Nietzsche,* p. 131 y en G. Lukács, *El asalto a la razón,* p. 436.

La cultura del hombre moderno requiere de mitos: los hereda, los recrea, los inventa. Uno de ellos es el mito del hombre primigenio, que fecunda la cultura nacional y al mismo tiempo sirve de contraste para estimular la conciencia de la modernidad y el progreso nacionales. Como se ha visto, una de las características fundamentales del ser primigenio es que habita en una peculiar dimensión melancólica en donde el tiempo transcurre con lentitud y mansedumbre.

Nunca será alcanzado,
pues el tiempo le pertenece.

Ilustración procedente de la citada *General Zoology* de George Shaw.

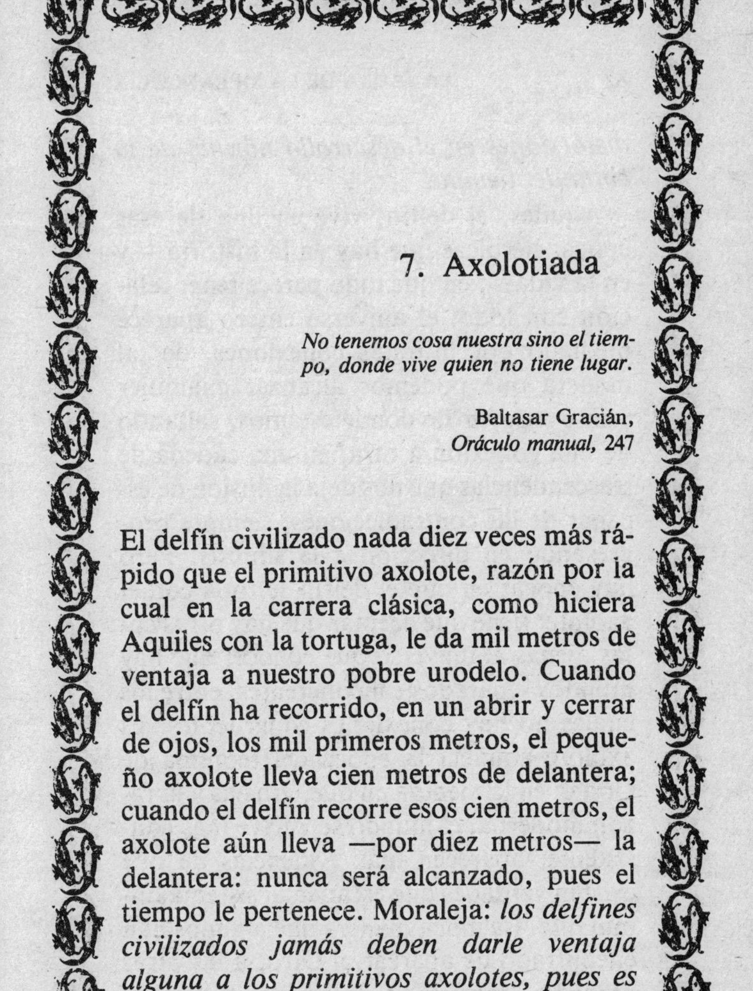

7. Axolotiada

No tenemos cosa nuestra sino el tiempo, donde vive quien no tiene lugar.

Baltasar Gracián,
Oráculo manual, 247

El delfín civilizado nada diez veces más rápido que el primitivo axolote, razón por la cual en la carrera clásica, como hiciera Aquiles con la tortuga, le da mil metros de ventaja a nuestro pobre urodelo. Cuando el delfín ha recorrido, en un abrir y cerrar de ojos, los mil primeros metros, el pequeño axolote lleva cien metros de delantera; cuando el delfín recorre esos cien metros, el axolote aún lleva —por diez metros— la delantera: nunca será alcanzado, pues el tiempo le pertenece. Moraleja: *los delfines civilizados jamás deben darle ventaja alguna a los primitivos axolotes, pues es sabido que su presencia produce extrañas distorsiones en el desarrollo normal de la cinta del tiempo.*

Aquiles, el delfín, vive en una de esas épocas heroicas que hay en la historia —y en la vida—, en que todo parece tener relación con todo: el universo entero aparece mediado por infinitas conexiones, de tal manera que podemos alcanzar cualquier punto a partir de donde estamos, saltando de una conexión a otra, en una cadena de trascendencias que nos deja la ilusión de escapar de las contradicciones, siempre progresando en dirección a la síntesis. Pero hay épocas en que el delfín se topa con el axolote: tiene que aceptar que hay otras cosas ajenas al universo que conoce; que hay mundos separados e incoherentes, entre los cuales no hay conexiones congruentes. El axolote anuncia la época del teorema de Gödel: en la medida en que, gracias a la razón moderna, el mundo se vuelve más consistente, aparecen más evidencias de que existen verdades que escapan al sistema dominante. La única manera que algunos han encontrado de abarcar al Otro, a las otras verdades, consiste en desbaratar la consistencia de su mundo: pero se cae en el vértigo del desorden total, en el delirio de la au-

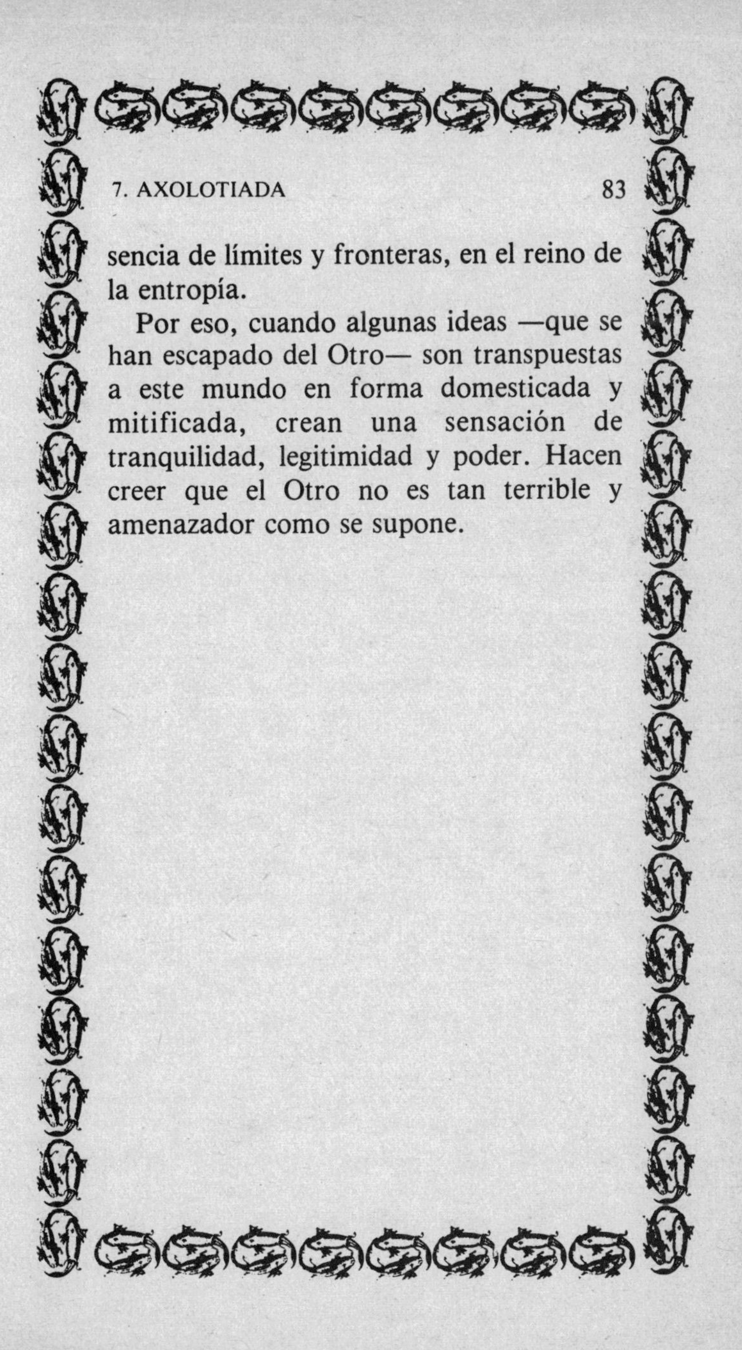

sencia de límites y fronteras, en el reino de la entropía.

Por eso, cuando algunas ideas —que se han escapado del Otro— son transpuestas a este mundo en forma domesticada y mitificada, crean una sensación de tranquilidad, legitimidad y poder. Hacen creer que el Otro no es tan terrible y amenazador como se supone.

8. La muerte fácil

Cuando hayamos aliviado lo mejor posible las servidumbres inútiles y evitado las desgracias innecesarias, siempre tendremos, para mantener tensas las virtudes heroicas del hombre, la larga serie de males verdaderos, la muerte, la vejez, las enfermedades incurables, el amor no correspondido, la amistad rechazada o vendida, la mediocridad de una vida menos vasta que nuestros proyectos y más opaca que nuestros ensueños —todas las desdichas causadas por la naturaleza divina de las cosas.

Marguerite Yourcenar,
Memorias de Adriano

Paradojas de la mitología moderna: *para el hombre primitivo, dice la leyenda, el tiempo no tiene sentido; para el hombre civilizado, en cambio, es la muerte la que no tiene sentido.* Max Weber explica esta peculiar angustia de la modernidad: el campesino de los viejos tiempos moría "saciado de vivir" y "satisfecho", pues la vida ya le había ofrecido todo y ya no quedaba "ningún enigma que quisiera descifrar". En cambio, el hombre civilizado —sumergido en una insensata progresividad— no se satisface de vivir, y sabe que "nunca habrá podido captar más que una porción mínima de lo que la vida del espíritu alumbra continuamente". Weber concluye: "La muerte resulta así para él un hecho sin sentido."[1]

[1] *El político y el científico*, p. 201. Esta idea proviene de Tocqueville, quien hizo referencia a la melancolía de los habitantes de los países desarrollados (véase el último capítulo de este libro).

En cambio, todo cuanto no es moderno —lo antiguo, lo salvaje, lo bárbaro— le da algún sentido a la muerte. En su versión medieval cristiana, por ejemplo, la muerte es un segundo nacimiento: es el acceso a la vida eterna del alma despojada de su cuerpo. De allí viene la reacción de algunos europeos del siglo XX ante la "muerte mexicana":

> El europeo —dice Paul Westheim—, para quien pensar en la muerte es una pesadilla, que no quiere que le recuerden la caducidad de la vida, se ve de pronto frente a un mundo libre de esta angustia, que juega con la muerte y hasta se burla de ella. . . ¡Extraño mundo, actitud inconcebible![2]

El mismo autor cita al poeta Xavier Villaurrutia, quien describe así la dualidad frente a la muerte: "Aquí [en México] se tiene una gran facilidad para morir, que es más fuerte en su atracción conforme mayor cantidad de sangre india tenemos en las venas. Mientras más criollo se es, mayor temor tenemos por la muerte. . .".[3] A partir de ese crisol legendario se alienta el mito del mexicano indiferente ante la muerte, del hombre que desprecia a la muerte; éste es uno de los lugares comunes más socorridos del pensamiento mexicano moderno.[4]

Se ha dicho insistentemente que la burla y el desprecio a la muerte se conectan con una indiferencia hacia la vida: si la vida no vale nada, la muerte tampoco. Esta actitud fatalista tiene un doble origen. En primer lugar —es lo más evidente— proviene de la conciencia del hombre que vive la miseria de una vida llena de fatigas y humillaciones, rodeado de amenazas; por eso Rulfo al referirse a la muerte de Tanilo, uno de sus personajes, dice: ". . . se alivió hasta de vivir".[5] Paul Westheim, en su interesante estudio sobre la calavera afirma contundente:

> La carga psíquica que da un tinte trágico a la existencia del hombre mexicano, hoy como hace dos y tres mil años, no es el temor por la muerte, sino la angustia vital, la fatalidad de la

[2] *La calavera,* Antigua Librería Robredo, México, 1953, p. 8.
[3] Cit. por P. Westheim, *op. cit.*, p. 9.
[4] *Cf.* O. Paz, *El laberinto de la soledad,* pp. 48-54.
[5] "Talpa", en *El llano en llamas.*

> vida, la conciencia de estar expuesto, y con insuficientes medios de defensa, a una existencia llena de peligros, llena de esencias demoniacas.[6]

En este primer sentido, el origen del desprecio a la muerte es el tradicional fatalismo que se suele asignar a los campesinos y a todos aquellos hombres expuestos directamente, sin apenas protección, a las inclemencias de la sociedad y de la naturaleza.

Pero este fatalismo tiene otro origen, paralelo al que acabo de mencionar: es una manifestación del desprecio de las clases dominantes por la vida de los hombres que se encuentran en la miseria. Hay hombres cuya vida no vale mucho a los ojos de los amos: la muerte de un indio mexicano, lo mismo que de un campesino de Biafra o un intocable en Calcuta, ocurre en el seno de la *masa* indiferenciada; esa muerte puede alcanzar proporciones estadísticas monstruosas, pero no amenaza directamente al civilizado. Esos hombres mueren como animales, pues viven como tales. La indiferencia por la muerte, en Europa, ha sido asociada tradicionalmente al fatalismo aldeano y a la cultura oriental, que se acerca a Occidente desde el norte: "Uno de los rasgos más originales de muchos rusos —dice Fouillée—, es el considerar la muerte hasta con tranquilidad. La *indifferentia mortis* es, por otra parte, una de las virtudes bárbaras."[7]

Suponer que hay pueblos que son indiferentes a la muerte es pensar a esos pueblos como manadas de animales salvajes. Un eco de esta arcaica idea es el que resuena en innumerables textos modernos referidos al "carácter del mexicano". Los campesinos que habitan el mundo literario de Rulfo son un ejemplo; el campesino rulfiano es un ser marcado por la muerte, y el acto de matar le parece algo intrascendente y cotidiano, un acontecimiento animal. "Ya mataron a la perra,

[6] *Op. cit.*, p. 9. En otra parte afirma, con mayor sutileza: "Como específicamente mexicana hay que considerar también la brusca transición de la más profunda conmoción por el recuerdo de los difuntos a la más desenfrenada alegría de vivir —de vivir todavía" (p. 107).

[7] Fouillée, *op. cit.*, p. 516. En otro libro, *Psychologie du Peuple Français*, alimenta el mito de su propia cultura. Es sintomático el contraste con su análisis de otras culturas.

pero quedan los perritos. . ." dice un corrido popular que sirve de epígrafe a "El llano en llamas". Y es precisamente en este cuento donde Rulfo usa más metáforas de animales para referirse a los personajes: allí los campesinos están "como iguanas calentándose al sol", suben los cerros "a gatas, como tejones espantados por la lumbre", se arrastran "como víboras" o andan "culebreando", se desplazan "en manada" y se dejan cercar "como gallinas acorraladas". En este cuento tal vez lo más impresionante es la significativa escena en que Pedro Zamora juega como toro para matar a ocho soldados, al administrador y al caporal: en lugar de cuernos usa un verduguillo, con el que hace una sangrienta carnicería.

Pero es en otro cuento donde Rulfo recrea con gran sutileza la imbricada relación entre el desprecio por la vida de los otros y el miedo a la propia muerte: allí, entre líneas, podemos ver cómo el arte de Rulfo nos descubre la forma en que la "indiferencia por la muerte" tiene su origen en el desprecio por la vida ajena. El personaje de "¡Diles que no me maten!" es un viejo que se encuentra preso y a punto de ser fusilado, por haber asesinado —muchos años atrás— al padre del coronel que lo ha aprehendido. El prisionero sufre un miedo atroz a la muerte, pero su miedo es visto con naturalidad, casi con indiferencia, por su hijo. El propio viejo afirma que "tuvo que matar a don Lupe", como si fuera algo natural, cotidiano e irremediable; pero lo atacó a machetazos, "clavándole después una pica de buey en el estómago. . . duró más de dos días perdido y. . . cuando lo encontraron, tirado en un arroyo, todavía estaba agonizando y pidiendo el encargo de que le cuidaran a su familia". En medio de un piélago de desolación, crueldad y desdén por la vida aparece, sorprendentemente, el miedo a la muerte: el anciano preso "comenzó a sentir esa comezón en el estómago, que le llegaba de pronto siempre que veía de cerca a la muerte y que le sacaba el ansia por los ojos, y que le hinchaba la boca con aquellos buches de agua agria que tenía que tragarse sin querer". Este cuento tejido en torno al miedo contrasta con ese mundo teñido —como dice bien Manuel Durán— de una "nostalgia del pasado de un paraíso perdido, que da origen a ese cariño por los muertos —testigos de días mejores— tan característico de

Rulfo".[8] Además, este extraño cuento de Rulfo nos permite recordar que el desprecio a la muerte es una de las formas de tenerle miedo.

He sugerido que la "indiferencia ante la muerte" del mexicano es un mito que tiene dos fuentes: la fatalidad religiosa que auspicia la vida miserable tanto como el desprecio de los poderosos por la vida de los trabajadores. Desde la primera perspectiva, se trata del mismo sentimiento de fatalidad que se expresaba en las danzas macabras medievales (uno de los ejemplos más interesantes son *Les simulachres et historiées faces de la mort* de Holbein), que le recordaban al hombre que la muerte lo libera de su cuerpo desgraciado y que significa un segundo nacimiento a una vida mejor. Esta idea llega a coincidir con la imagen que con frecuencia se han formado las clases altas de la vida de los menesterosos: por ser tan cercanos al reino animal —creen— la angustia de la muerte no les afecta muy profundamente.[9]

En la cultura mexicana estas dos tendencias se entrelazan para formar un tejido peculiar en el que se cruzan desesperación y desdén, zozobra y orgullo. Pero a este tejido cultural sobre la muerte se agrega un tercer elemento: la nostalgia del edén perdido se transforma en una búsqueda intelectual de la dimensión auténticamente humana que la civilización industrial moderna ha sepultado. Un ejemplo: para escapar a la enajenación de la sociedad moderna, los poetas frecuentemente han evocado los valores primigenios, y nos han propuesto un largo viaje hacia el interior del hombre. ¿Pero dónde se encuentran las puertas o los pozos que nos comunican con ese reino interior? Quiero citar solamente a dos poetas

[8] M. Durán, "Juan Rulfo, cuentista: la verdad casi sospechosa". Véase también: Evodio Escalante, "Juan Rulfo o el parricidio como una de las bellas artes".

[9] Los biólogos y los psicólogos consideran que el hombre es el único animal que es consciente de la inexorabilidad de la muerte. De hecho considerar que un ser no tiene miedo a la muerte, es considerarlo como un animal; es sabido que una consecuencia, en el transcurso de la evolución biológica, del desarrollo de los lóbulos prefrontales fue la conciencia de la muerte. Al respecto Carl Sagan afirma que "el hombre es el único organismo en la tierra con una idea relativamente clara del destino que le aguarda". Y tener miedo a la muerte, de alguna forma, quiere decir una combinación del temor *instintivo* con la *conciencia* del destino individual. *Cf.* Carl Sagan, *Los dragones del edén,* p. 121.

europeos —muy distintos entre sí— que creyeron encontrar en México esos umbrales. Para Luis Cernuda el indio mexicano, a quien "otros pueblos llaman no civilizado", es "más que un hombre: es una decisión frente al mundo". Esta opción vital, envidiada por el poeta andaluz, se observa en "su descuido ante la pobreza, su indiferencia ante la desdicha, su asentimiento ante la muerte". Al indio, "que nada posee, nada desea, algo más profundo le sostiene; algo que hace siglos postula tácitamente". Cuando Cernuda visita Xochimilco, uno de los parajes más hermosos del valle de México, inmediatamente percibe que allí no se sabe "qué ecos de sabiduría extinta, de vida abdicada, yerran en el aire. Esos cuerpos callados y misteriosos, que al paso de sus barcas nos tienden una flor o un fruto, deben conocer el secreto. Pero no lo dirán".[10]

En cambio, un gran poeta surrealista francés, Antonin Artaud, había venido a México con la seguridad de que los indios le revelarían ese secreto: el alma mexicana —creía Artaud— es capaz de desencadenar antiguas fuerzas naturales que pueden regenerar al hombre moderno, cuyo espíritu se ha podrido por obra de la "superstición del progreso". "México posee un secreto de cultura —escribió Artaud— legado por los antiguos mexicanos. . . Yo he venido a México a encontrar una nueva idea del hombre." El "alma mexicana" que buscaba Artaud debía ser la base para formar una "cultura única" que considerase al universo como un todo; el antiguo culto por la muerte de los mexicanos tenía ese sentido:

> Realizar la supremacía de la muerte no equivale a inutilizar la vida presente. Es poner la vida presente en su lugar; hacerla cabalgar sobre varios planos a la vez; sentir la estabilidad de los planos que hacen del mundo viviente una gran fuerza en equilibrio; es, en fin, restablecer una gran armonía.[11]

Se refiere a esa armonía que la civilización moderna ha destrozado.

[10] Luis Cernuda, *Variaciones sobre tema mexicano*, pp. 68, 69 y 27.
[11] A. Artaud, *México* y *Viaje al país de los tarahumaras*, pp. 134, 174, 176, 183 y 184.

Las actitudes de Artaud y Cernuda son indicativas de una peculiar angustia del escritor contemporáneo: vive azorado ante el espectáculo de la nueva tecnología, agobiado por el Estado moderno —tanto si es mimado como si es perseguido por él— y aterrado por las dimensiones planetarias de la guerra y la violencia. Una gran parte de la intelectualidad mexicana tiene la misma actitud, pero se manifiesta en forma mucho más alambicada que en estos dos poetas europeos, cuya ingenuidad es maravillosa y reveladora.

A muchos intelectuales les ha parecido fascinante un mundo en el que los hombres no le tienen miedo a la muerte. ¿Y por qué no le tienen miedo? Detrás de esta máscara —si es que es una máscara— debe haber un antiguo secreto, una verdad ancestral perdida. La muerte, pues, *sí tiene un sentido:* oculta algo que es necesario descifrar. Oculta el misterio del Otro: del que da testimonio de que el mundo, como dice Cernuda, "no es una feria demente ni un carnaval estúpido".

Así pues, la "indiferencia por la muerte" del mexicano es una invención de la cultura moderna.[12] Tiene, por tanto, una existencia y una historia en los espacios de la mitología y del simbolismo de la sociedad contemporánea. La confluencia de la zozobra del miserable con el desdén señorial por la vida de los desposeídos y con la angustia existencial de las clases cultas produce una forma peculiar de contemplar la muerte; en este sentido, el desprecio por la muerte es un mito que encarna en la cultura mexicana y que llega a influir en el comportamiento cotidiano de algunos individuos e incluso, bajo ciertas circunstancias, de grandes sectores de la población. Toda cultura, ante la inevitabilidad de la muerte individual, necesita crear rituales y símbolos que permitan que los muertos comiencen a morir en nosotros, como pensó Croce, para no correr el riesgo de morir con ellos. En torno a esta idea Er-

[12] Jean Plumyène, apoyado en Freud, establece una interesante relación entre el instinto de muerte y el nacionalismo. En efecto, de acuerdo con Freud el instinto de muerte no sería más que la expresión de una tendencia que empuja a todo organismo vivo a reproducir un estadio anterior, a regresar al nirvana prenatal, a la tranquilidad primera y original; es también una expresión de la pertenencia a una patria, cuya defensa suele costar muchas vidas. Al respecto es significativo el lema "patria o muerte" de los revolucionarios modernos. *Cf.* J. Plumyène, "Nationalisme et instinct de mort".

nesto de Martino realizó una excelente investigación antropológica sobre el llanto ritual, la crisis de la congoja en la sociedad moderna y las raíces históricas del lamento fúnebre artificial. Ante la certeza de la inexorabilidad de la muerte, el hombre —tanto el "primitivo" como el "moderno"— necesita proteger su equilibrio, para lo cual desarrolla diversas formas de control ritual del sufrimiento: el desdén mexicano por la muerte forma parte de un rito colectivo que le da sentido a la vida. Desde esta perspectiva, no es cierto que el desprecio a la muerte signifique una indiferencia hacia la vida.[13]

Este rito no es un conjunto de sobrevivencias antiguas y ceremonias primitivas: tiene el mismo estatuto que la forma peculiar en que se rinde culto a los muertos en Estados Unidos, tal como se expresa —por ejemplo— en la complicada simbología ritual del *Memorial Day,* que tiene una gran importancia en la cultura política norteamericana. Pero aquí la angustia ante la muerte se mezcla con el orgullo anglosajón en vistosas paradas militares, solemnes servicios religiosos, plegarias patrióticas en honor a los sagrados muertos —comenzando por Lincoln— y espejeo de medallas y condecoraciones entre las tumbas de los héroes.[14]

En la cultura mexicana moderna el miedo a la muerte —que se traduce en fatalismo, desprecio y búsqueda— también tiende a gestar una dimensión heroica. El perfil de la "muerte mexicana" no podría ocupar un lugar estable en nuestra sociedad si solamente fuese la mezcla de conciencia desdichada, desapego a la vida y nostalgia; esta peculiar mezcla permite mantener tensas las virtudes heroicas de nuestra cultura, para decirlo con la imagen de Marguerite Yourcenar: es decir, permite dibujar el contorno de un personaje heroico, que a pesar del agobio y la tristeza es capaz de elevar su actuación a un nivel épico, a un mundo bravo en el que las horribles miserias y melancolías son trascendidas mediante un orgulloso desprecio a la muerte. Así surge el héroe mexicano prototípico, que juguetea con la muerte y se ríe de ella: es sin

[13] Ernesto de Martino, *Morte e pianto rituale: dal lamento funebre antico al pianto de Maria.*

[14] *Cf.* el importante estudio de W. Lloyd Warner, *The Living and the Dead. A Study of the Symbolic Life of the Americans,* (especialmente los capítulos 8 y 9).

duda, como ha afirmado un antropólogo que ha estudiado el culto a la muerte en el sur de México,[15] una creación intelectual emanada de la mística revolucionaria de los años veinte, cuando los sentimientos nacionalistas produjeron, por ejemplo, el "descubrimiento" de las calaveras de José Guadalupe Posada, que fueron elevadas por Diego Rivera a la categoría de mito nacional.[16]

Y de esta manera, a los mexicanos sumergidos en la amargura la cultura nacional les propone el único gesto heroico posible: morir fácilmente, como sólo los miserables saben hacerlo.

[15] Carlos Navarrete, *San Pascualito Rey y el culto a la muerte en Chiapas.* Véase además, sobre la influencia paradójica de Diego Rivera en la delimitación de la cultura política oficial, el excelente ensayo de Christopher Domínguez, "Grandes muros, estrechas celdas".

[16] *Cf.* Frances Toor y Pablo O'Higgings (eds.), *Las obras de José Guadalupe Posada, grabador mexicano,* introducción de Diego Rivera.

Xólotl, el dios que le tenía miedo a la muerte.

Códice Borgia, 10.

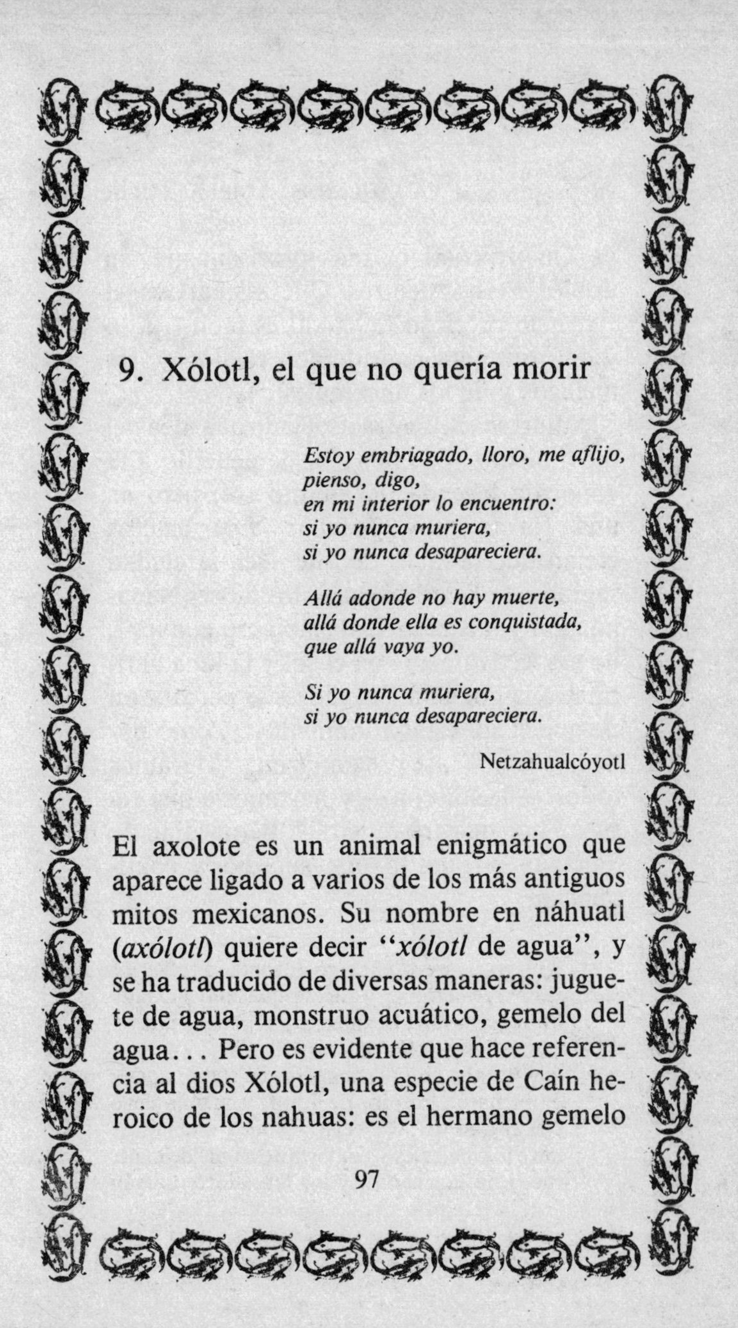

9. Xólotl, el que no quería morir

Estoy embriagado, lloro, me aflijo,
pienso, digo,
en mi interior lo encuentro:
si yo nunca muriera,
si yo nunca desapareciera.

Allá adonde no hay muerte,
allá donde ella es conquistada,
que allá vaya yo.

Si yo nunca muriera,
si yo nunca desapareciera.

Netzahualcóyotl

El axolote es un animal enigmático que aparece ligado a varios de los más antiguos mitos mexicanos. Su nombre en náhuatl (*axólotl*) quiere decir "*xólotl* de agua", y se ha traducido de diversas maneras: juguete de agua, monstruo acuático, gemelo del agua... Pero es evidente que hace referencia al dios Xólotl, una especie de Caín heroico de los nahuas: es el hermano gemelo de Quetzalcóatl o, más precisamente, su doble. Pero mientras Quetzalcóatl es el "gemelo precioso", Xólotl es monstruoso y deforme (era considerado el dios de los mellizos y de los anormales).

Xólotl se encuentra asociado a la idea del movimiento y de la vida, de acuerdo a la conocida leyenda del quinto sol; pero en una forma muy peculiar. Los aztecas creían que después de que —en la ciudad sagrada de Teotihuacan— los dioses Nanahuatzin y Tecuciztécatl habíanse convertido respectivamente en el sol y la luna al tirarse a la hoguera, los dioses se percataron de que el sol estaba inmóvil: "¿Cómo podemos vivir?", se preguntaron. "Muramos todos —decidieron— y hagámosle que resucite por nuestra muerte." Bernardino de Sahagún cuenta lo que sucedió a continuación:

> Y luego el aire se encargó de matar a todos los dioses y matólos; y dícese que uno llamado *Xólotl* rehusaba la muerte, y dijo a los dioses: '¡Oh, dioses! ¡No muera yo!'
>
> Y lloraba en gran manera, de suerte que se le hincharon los ojos de llorar; y cuando llegó a él el que mataba echó a huir y escondióse entre los maizales y convirtióse en pie de maíz, que tiene dos cañas, y los labradores llaman

> *xólotl*; y fue visto y hallado entre los pies del maíz; otra vez echó a huir y se escondió entre los magueyes, y convirtióse en maguey que tiene dos cuerpos que se llama *mexólotl*; y otra vez fue visto, y se echó a huir y metióse en el agua, y hízose pez que se llama *axólotl*, y de allí le tomaron y le mataron.[1]

Así, Xólotl es un dios que le tiene miedo a la muerte, que no la acepta, que quiere escapar del sacrificio mediante sus poderes de transformación. Tenía razón, ya que el sacrificio fue inútil: "Y dicen que aunque fueron muertos los dioses, no por eso se movió el sol, y luego el viento comenzó a soplar y ventear reciamente, y él le hizo moverse para que anduviese su camino."[2] Hay otra versión de este mito, que algunos historiadores consideran más antigua,[3] según la cual Xólotl fue el encargado de sacrificar a los dioses, abriéndoles el pecho con una navaja, después de lo cual se mató a sí mismo.[4]

Las dos versiones de la leyenda son apa-

[1] *Historia general de las cosas de la Nueva España*, libro séptimo, cap. 11, pp. 29-30.
[2] Sahagún, *op, cit.*, Libro VII, cap. 11, p. 31.
[3] Roberto Moreno, "El axólotl".
[4] Gerónimo de Mendieta, *Historia eclesiástica indiana*, libro II, cap. 2, ed. S. Chávez Hayhoe, México, s/f. Mendieta cita como fuente a fray Andrés de Olmos. Citado por R. Moreno, *op. cit.*, pp. 1623.

rentemente opuestas; pero recordemos que Xólotl es una encarnación o un doble de Quetzalcóatl, dios del viento: y es —en la primera versión— precisamente el aire (*Ehécatl*) quien mata a los dioses (y quien da vida al sol), mientras que en la segunda versión es el propio Xólotl —gemelo de Quetzalcóatl— quien sacrifica a los dioses. Y precisamente el autor de esta segunda versión —fray Andrés de Olmos citado por Mendieta— es quien asigna a Xólotl el papel protagonista en la leyenda sobre el origen de la humanidad, mientras que en las versiones más conocidas es Quetzalcóatl quien desciende al reino de los muertos en busca de los huesos de los hombres, para robarlos y darles vida de nuevo.

En ambas versiones del descenso de Quetzalcóatl-Xólotl se habla de la necesidad de robar los "huesos preciosos" o los "huesos de los muertos pasados", pues de ellos han de salir los pobladores de la tierra. De acuerdo a la versión más conocida, Quetzalcóatl roba los huesos del reino de la muerte —Mictlan— y huye; el señor de los muertos trata de impedirlo y hace que tropiece en un foso, se caigan los huesos y pierda el sentido; en este viaje Quetzalcóatl va acompañado de su *nahual* o doble (que puede ser también su gemelo), con quien habla y llora después de recuperar los sentidos. En seguida recoge de nuevo todos los huesos y los lleva a Tamoanchan, donde los muele y los dioses sangran su miembro viril sobre el polvo para que surjan los hombres.[5]

En la otra versión es Xólotl quien desciende a Mictlan y roba los huesos:

> Y el Mictlan Tecuhtli [Señor de la Muerte], afrentado de que así se le fuese huyendo, dio a correr tras él, de suerte que por escaparse Xólotl, tropezó y cayó, y el hueso, que era una braza, se le quebró e hizo pedazos, unos mayores y otros menores, por lo cual dicen los hombres ser menores unos que otros. Cogidas, pues, las partes que pudo, llegó donde estaban los dioses sus compañeros, y echado todo lo que traía en un lebrillo o barreñón, los dioses y diosas se sacrificaron sacándose sangre de todas partes del cuerpo (según después los indios lo acostumbran) y al cuarto día nació un niño; y tornando a hacer lo mismo, al otro cuarto día salió la niña; y los dieron a criar al mismo Xólotl, el cual los crió con leche de cardo.[6]

[5] *Cf. Códice chimalpopoca, Anales de Cuauhtitlan y Leyenda de los soles*, Instituto de Historia, UNAM, México, 1945, y A.M. Garibay, *Llave del náhuatl*, Porrúa, México, 1951, pp. 221-222. Citado por R. Moreno, *op. cit.*, *loc. cit.*

[6] Gerónimo de Mendieta, *op. cit.*, libro II, cap. 1.

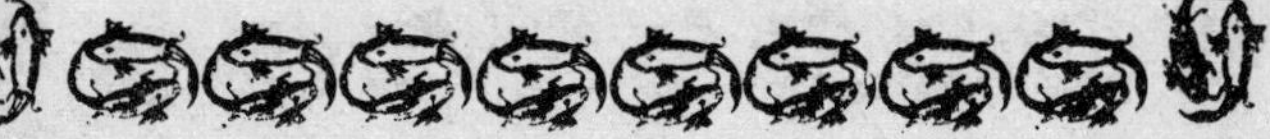

Como se ve, Xólotl es un numen ligado a la *muerte* y a las *transformaciones*: transformación en diversas formas extrañas al huir de la muerte, para encontrarla como axolote en el agua; transformación de los huesos, robados al señor de Mictlan, en hombres vivos. Hay un elemento común en todo esto: *una constante lucha contra la muerte, un permanente huir de ella.* Y ello se hace —no hay otra forma— mediante transformaciones (que en el lenguaje filosófico moderno se llamarían *trascendencias).*

Estas nociones corresponden plenamente a la compleja idea que tenían los antiguos mexicanos de la muerte; se trata de una idea que no tiene absolutamente nada que ver con el supuesto desdén o ironía con que la trata el mexicano prototípico inventado por los intelectuales del siglo XX. Los pueblos nahuas sentían en forma punzante la angustia de la muerte, y sus interpretaciones mítico-religiosas no contribuían —a diferencia del cristianismo— a adormecer ese sentimiento. En un estudio sobre la poesía de Nezahualcóyotl, José Luis Martínez concluye, a mi parecer con razón, que "el destino del hombre después de la muerte preocupaba mucho a Nezahualcóyotl..."; pero "nunca llegó a concretarse en la poesía y en la sabiduría náhuatl la idea de otra vida después de la muerte''.[7]

Desde otro punto de partida se puede llegar a conclusiones similares. Alfredo López Austin, en una excelente investigación sobre las concepciones de los antiguos nahuas, concluye que ''se concebía a la muerte como dispersión de varios elementos''.[8] Así, las diferentes sustancias anímicas alojadas en el cuerpo humano tendrían diversos destinos después de la muerte, de tal manera que no es posible propiamente pensar en otra vida, ya que el individuo no se lograría recomponer. El *teyolía* podía llegar al cielo solar (el *Tonatiuh ilhuícatl*, para los guerreros muertos en la guerra), a *Mictlan* (para los que fallecían de muerte común), al *Tlalocan* (para los que morían por el agua) o al *Chichihualcuauhco* (para los lactantes). Pero el *teyolía* no era la única entidad anímica en la que creían; otra era el *tonalli*, que podía ser encerrado —mediante ritos precisos— en una vasija. Otra sustancia anímica era el *ihíyotl*, especie de sombra que podía vagar

[7] J.L. Martínez, *Netzahualcóyotl*, pp. 117-118.
[8] *Cuerpo humano e ideología. Las concepciones de los antiguos nahuas*, tomo I, p. 363.

por la tierra. Los nahuas no tenían, pues, una concepción monista del alma o del espíritu: el *teyolía*, ligado al corazón, expresa la vitalidad, el conocimiento, las afecciones, la memoria, los hábitos, el sentido de la acción; sin embargo, concluye López Austin, no sería el corazón —a pesar de concentrar muchos y muy importantes procesos anímicos— el órgano central depositario de la conciencia del yo. El *tonalli*, fuerza ubicada principalmente en la cabeza, determinaba el temperamento particular del individuo, el grado de valor anímico, la relación con la voluntad divina por medio de la suerte y, en consecuencia, su conducta futura. "Como centro del pensamiento —dice López Austin, independiente del corazón, el *tonalli* no sólo contribuía como parte del yo del individuo, sino que se creía que tenía apetencias propias. . .".[9] La tercera entidad anímica, el *ihíyotl*, se encontraba en el hígado, órgano donde residían las pasiones, los sentimientos, la vida y el vigor.

Sólo el *teyolía* podía viajar por los mundos de los muertos. Los que iban a Mictlan podían pasar por ocho páramos o pisos distintos, pero se corrían muchos riesgos en el

[9] *Op. cit.*, tomo I, p. 235.

camino y se podía desaparecer. De cualquier forma, no estaba claro lo que les esperaba al final: "Y allá, en el noveno lugar de la muerte, allá hay destrucción total", se dice en el *Códice florentino*.[10] Pero hay versiones muy contradictorias sobre este misterioso lugar, llamado a veces "nuestra casa definitiva". De cualquier forma, la muerte era la dispersión de las tres fuerzas vitales —*teyolía*, *tonalli* e *ihíyotl*—, que sufrían diferentes transformaciones y transitaban por distintos estados, siempre de acuerdo a la estructura del cosmos nahua. Pero la antigua mitología mexicana no eliminaba la angustia existencial ni el miedo a la muerte, como puede comprobarse en el asustado axolote que huye de los dioses que lo han condenado a la destrucción final. Pareciera como si los aztecas hubieran conocido el secreto de su neotenia y supieran que el misterio radica en su terca negativa a metamorfosearse en salamandra. De cualquier manera, sin cuidar de las posibles implicaciones metafísicas, los aztecas comían con gran afición la carne del axolote, al que consideraban un exquisito manjar de señores.

[10] *Códice florentino,* III, 42, Cit. por López Austin, *op. cit.*, tomo I, p. 383.

10. El héroe agachado

En el melancólico observamos. . . el deseo de comunicar a todo el mundo sus propios defectos, como si en este rebajamiento hallara una satisfacción.

Sigmund Freud, *Duelo y melancolía*

El mexicano padece un complejo de inferioridad —decretó el filósofo Samuel Ramos en 1934—, por lo que huye de la realidad y busca refugio en la ficción. Esta idea, quince años más tarde, la repitió, la profundizó y la consagró Octavio Paz: en el fondo del sentimiento de inferioridad yace la soledad; de allí que el mexicano se proteja de la realidad con múltiples máscaras. Las más diversas expresiones de la filosofía de lo mexicano giran en torno a esta idea; en base a esta sencilla explicación se han elaborado complejas interpretaciones existenciales, se han pintado murales repletos de símbolos y se han escrito poemas de resignación y quietismo.

La explicación de Samuel Ramos es muy simple: el mexicano se ha encontrado históricamente enfrentado a una contradicción: una gran desproporción entre lo que *quiere hacer* y lo que *puede hacer,* la que lo lleva inevitablemente al fracaso y al pesimismo. Por esta razón el mexicano desconfía de sí mismo y es asaltado por un sentimiento de inferioridad. Tomando como base las ideas de Adler y apoyado en Jung, Samuel Ramos explica que la tensión entre la sobrevaloración de sí mismo y el complejo de inferioridad —que conduce tendencialmente a la neurosis— es resuelta dentro de los límites de la normalidad por el mexicano al abandonar el terreno de la realidad para refugiarse en la ficción: "sustituye su ser auténtico por el de un personaje ficticio, que representa en la vida, creyéndolo real. Vive, pues, una mentira, pero sólo a este precio puede librar su conciencia de la penosa idea de su inferioridad".[1] Lo interesante de la explicación de Ramos no radica en que pueda ser usada para entender el comportamiento de la población mexicana: es a todas luces insuficiente y burda; el punto de interés consiste en que, en realidad, describe la formación de un arquetipo en la cultura mexicana, del cual el sentimiento de inferioridad no es más que una parte constituyente, mas no una explicación de su proceso formativo. El perfil del mexicano que describe Ramos es una proyección cultural de la imagen que se ha formado la intelectualidad —o al menos una parte de ella— del pueblo. La formación de esta imagen sólo puede explicarse por la dinámica política de la cultura dominante y por la función de los arquetipos en los mecanismos de legitimación; es una imagen que no procede de la investigación científica, sino de la historia de la cultura nacional.[2] El mismo Samuel Ramos cita a Carlos Pereyra en su *Historia de América:* "Los pueblos hispanoamericanos han sufrido las consecuencias de la tesis autodenigratoria sostenida constantemente durante un siglo, hasta formar el arraigado sentimiento de inferioridad étnica, que una reacción puede convertir en exceso de vanagloria."[3] Son los estragos del colonialismo, sazonados con la filosofía hegeliana de la historia. Pero la filosofía de lo mexicano no se escapa de la tradición; aunque Samuel Ramos afirma enfáticamente que su interpretación del carácter del mexicano no implica la "atribución de una inferioridad real, social o psíquica, a la raza mexicana",[4] en realidad está describiendo un arquetipo socio-cultural que se caracteriza por su primitivismo.

[1] S. Ramos, *op. cit.*, p. 14.

[2] Emilio Uranga confirma mi interpretación: "Hay una voluntad de configurar al mexicano, de 'confeccionarlo'. Muchos interpretan esto como si se fabricara o inventara a un mexicano que no tiene correspondencia con el mexicano real, pero no es esto lo que se quiere insinuar, sino otra cosa. Lo mexicano es un proyecto incitante de vida en común que un grupo de mexicanos propone a los demás mexicanos para que lo realicen juntos." "Notas para el estudio del mexicano", p. 128.

[3] Cit. por S. Ramos, *op. cit.*, p. 21.

[4] *Op. cit.*, p. 10.

Si examinamos la idea del mexicano determinado por un complejo de inferioridad, descubriremos que —para mantener la consistencia de la tesis— es indispensable postular una cierta inferioridad relativa del hombre y de la cultura mexicanos: lo mexicano es inferior al objetivo que se propone alcanzar, y ese objetivo es Europa. Ahora bien, para que esta inferioridad no aparezca como tal, es necesario vestirla, disfrazarla, enmascararla; la forma de hacerlo ya la conocemos: es preciso encontrar al niño, a la criatura salvaje, al inocente primitivo. Así, la historia oculta la inferioridad: "Siendo [México] todavía un país muy joven, quiso, de un salto, ponerse a la altura de la vieja civilización europea, y entonces estalló el conflicto entre lo que se quiere y lo que se puede."[5] Más adelante Ramos afirma: "nuestra psicología es la de una raza en la edad de la fantasía y la ilusión, que sufre por ello fracasos. . . ".[6] En este contexto, la cita de Keyserling era inevitable:

> Los pueblos jóvenes, por su lado, no tienen el espíritu concentrado y crítico. Son espiritualmente pasivos, como todos los seres jóvenes; son infinitamente sugestionables y soportan mal la crítica, por debilidad fisiológica y moral al mismo tiempo; están constantemente perturbados por un sentimiento de inferioridad.[7]

También Octavio Paz recurre a este tipo de imagen: los mexicanos son "como esos adolescentes taciturnos. . . dueños de no se sabe qué secreto, guardado por una apariencia hosca".[8] Así, es posible descubrir aun en el *pelado,* ese desecho social de la gran ciudad, a un primitivo.[9] El mexicano, protagonizado por el lumpenproletariado, es "un animal que se entrega a panto-

[5] *Op. cit.*, p. 15.
[6] *Op. cit.*, p. 16.
[7] *L'avenir de l'esprit européen,* Instituto de Cooperación Intelectual, 1934, p. 28, cit. por S. Ramos, *op. cit.* p. 52. No podía faltar tampoco Spengler, quien es traído a respaldar la idea de que la técnica del hombre blanco no es una necesidad del hombre de color: "Sólo el hombre fáustico —dice Spengler— piensa, siente y vive en sus formas. Para éste es esa técnica *espiritualmente* necesaria", *El hombre y la técnica,* cit. por S. Ramos, *op. cit.*, p. 105.
[8] *El laberinto de la soledad,* p. 16.

mimas de ferocidad" que no son más que "un desquite ilusorio de su situación real de la vida"; es un ser desgraciado que "se consuela con gritar a todo el mundo que tiene 'muchos huevos'", pero cuya valentía y machismo son una irritación que le produce la impotencia, por sufrir un sentimiento de minusvalía.[10]

La cultura mexicana de la primera mitad del siglo XX ha creado un formidable mito: los mexicanos llevan dentro, como un homúnculo, al indio, al bárbaro, al salvaje, al niño. Pero es un homúnculo roto: "Tronchada la infancia de lo indio —dice Jorge Carrión— antes de cumplirse su derrotero, aparece el mexicano como un niño proletario sin juegos, juguetes ni sonrisas, inmerso en la vida adulta de trabajos y objetivos inadecuados a su ritmo de crecimiento."[11] De esta situación surge la tragedia del campesino indio obligado a ser proletario antes de tiempo: de aquí proviene la "inferioridad" del alma primitiva del mexicano.

Una vez definido el perfil del héroe agachado, se desencadenó una espectacular discusión sobre su anatomía y sus peculiaridades. Si pudiésemos retroceder en el tiempo, hasta principios de los años 50, no sería difícil sorprender una discusión entre intelectuales en una típica tertulia. ¿Por qué no intentarlo? Organicemos un simulacro: citemos a varios intelectuales en un conocido café de la calle López, donde sirven una exquisita horchata valenciana. Algunos hubiesen preferido el café París y otros un restaurante fino, pero a mí me gusta este pequeño lugar. Todos estos intelectuales han escrito casi textualmente lo que aquí van a conversar:[12]

—Usted cree —le dice Emilio Uranga, con juvenil e inteli-

[9] *Op. cit.*, p. 54.
[10] Op. cit., pp. 52-57.
[11] Jorge Carrión, *Mito y magia del mexicano,* 1975, p. 52.
[12] Origen de la conversación: Emilio Uranga, "Ensayo de una ontología del mexicano". Octavio Paz, *El laberinto de la soledad.* Samuel Ramos, "En torno a las ideas sobre lô mexicano". José Gaos, *En torno a la filosofía mexicana.* Alfonso Reyes, *La x en la frente.* Leopoldo Zea, "El mexicano en busca del mexicano". Jorge Carrión, *Mito y magia del mexicano.* Salvador Reyes Nevares, *El amor y la amistad en el mexicano.* Jorge Portilla, *Fenomenología del relajo.* Michael Maccoby, "On Mexican National Character". Gordon W. Hewes, "Mexicans in Search of the 'Mexican' ". Erich Fromm y M. Maccoby, *Sociopsicoanálisis del campesino mexicano.*

gente pedantería, a Samuel Ramos— que el mexicano realmente es inferior, mientras que sólo idealmente es insuficiente; en cambio yo creo que realmente es insuficiente mientras que sólo idealmente es inferior. Nuestra manera de ser adolece de una insuficiencia constitucional.

—Como dice usted —contesta enojado Ramos—, es cierto que la insuficiencia implica una escala inmanente de valoración, en tanto que la idea de inferioridad es determinada por la adopción de una escala extraña de valores y conduce a una tergiversación de éstos. Pero lo que observamos en muchos mexicanos es una perturbación del sentido de los valores, lo que prueba que lo que hay en los mexicanos es el sentimiento de inferioridad, no de insuficiencia. Por momentos he creído que tal vez Uranga, sin darse cuenta, hacía estas reflexiones para librarse él mismo del sentimiento de inferioridad.

—Sin embargo —interviene Octavio Paz, después de darle un sorbo a su horchata—, más vasta y profunda que el sentimiento de inferioridad, yace la soledad. Es imposible identificar ambas actitudes: sentirse solo no es sentirse inferior, sino distinto.

—Se equivoca, estimado poeta —declara enfático Ramos—, pues usted reduce la fisonomía del mexicano a una máscara. Tras esta máscara, encuentra una tendencia a la soledad. Pero una observación más ajustada de la realidad mostraría que, al contrario de lo que usted dice, la soledad no proviene de una decisión voluntaria, sino de esa perturbación del carácter que lo hace antisocial.

La tensión flota en el ambiente; se hace un silencio molesto. Por fin se deja escuchar la pedagógica voz del maestro José Gaos, con su acento castellano:

—Pero debéis recordar que se os puede hacer la siguiente objeción. No hay un mexicano, sin más, sino tan sólo mexicanos diferenciados geográfica, antropológica, histórica, sociológicamente. . . : mexicano de la altiplanicie o de la costa, indígena, criollo o mestizo, de la Colonia, del México Independiente o de la Revolución o de nuestros días, pelado, burgués, intelectual o trabajador del campo. . . Por consiguiente, la filosofía del mexicano no está elaborando otra filosofía, si alguna, que la de un mexicano determinado, y determinado arbitrariamente: probablemente, el mestizo burgués de la altiplanicie y de nuestros días. . .

—Es preciso señalar —replica Ramos— que las diferencias raciales no son tan profundas como parece. Los mestizos y los criollos tienen muchos caracteres comunes con el indio. Las diferencias regionales tampoco son un impedimento para tratar al mexicano como tipo general; las variedades no afectan la unidad nacional: en todos los estados de la República se habla español, en todas partes se venera a la Virgen de Guadalupe, se cantan las mismas canciones y no hay lugar donde no apasionen las corridas de toros. . .

El joven Uranga se ve obligado a confesar su acuerdo con Samuel Ramos, y exclama al tiempo que se rasca nerviosamente la nariz:

—Efectivamente, las diferencias geográficas e históricas no son tan abismáticas como para invalidar su subsunción en un modelo unificante. El erigir como patrón de medida al mexicano del Altiplano obedece a la vez a la experiencia y a cierta convención. La posición privilegiada del Altiplano hay que buscarla en su condición de mediador, de punto de enlace o término medio de extremos.

—Nada más equivocado —se enfurruña Alfonso Reyes— que escribir en vista de una idea preconcebida sobre lo que sea el espíritu nacional. En el peor de los casos esta idea preconcebida es una convención o resultante casual de ideas perezosas que andan como perro sin dueño.

Uranga se pone rojo ante el reproche del maestro, pero se queda callado mirando fijamente la superficie cuajada de su café con leche ya frío. Leopoldo Zea aprovecha el momento para atacar:

—No debemos crear una máscara más, la del mexicano o lo mexicano, que sirva nuevamente para ocultar esa realidad humana que con tanta dificultad ha podido hacerse patente.

Gaos le interrumpe, como pensando en voz alta, ensimismado:

—¿Filosofía del "mexicano", en vez del hombre o lo humano "en general"?: pues sería de *el* mexicano, mientras no se atreva a ser de Leopoldo Zea, de Emilio Uranga. . ., pero no *filosofía,* sino paradójico soliloquio inefable de cada uno de ustedes acerca de sí mismos. En rigor, puro *selbsterlebnis* "irracional" de cada uno. . .

Zea queda un poco desconcertado, pero trata de redondear su idea:

—No debemos ir en busca del mexicano, que esto sería caer en discriminaciones, sino del hombre concreto que se perfila en México.

Zea busca con la mirada la aprobación de Alfonso Reyes y de Gaos, pero éstos no le hacen caso. En cambio Ramos, cada vez más enojado, exclama:

—Al contrario, debemos buscar al auténtico mexicano. Se le debe buscar en la minoría criolla; en la cultura criolla es posible encontrar al verdadero mexicano, porque, poseyendo una legítima superioridad, los criollos están menos expuestos a simulaciones u ocultamientos que han desvirtuado su naturaleza original en otros. En ellos no cabe un complejo de inferioridad porque son efectivamente superiores.

El doctor Ramos, con porte digno, mira a los demás con gesto retador. Tres jóvenes que habían permanecido callados susurran con timidez sus verdades:

—Es posible —afirma Jorge Carrión—, pero los obstáculos son grandes. Toda la vida mexicana se encuentra impregnada de signos que advierten de su retroceso a etapas mágicas, entorpecedoras de la marcha fluida del progreso.

—Sin duda que eso se refleja —agrega Salvador Reyes Nevares— en ese sentirse débil del mexicano, esa fragilidad ante sí mismo y ante las cosas. . .

—Es claro que la acción fallida, desnaturalizada, mal interpretada, nos vuelve introvertidos, melancólicos y desesperanzados —suspira Jorge Portilla.

En una mesa vecina tres extranjeros, que han escuchado la conversación anterior, comentan:

—Cuando los intelectuales mexicanos describen su carácter nacional, casi invariablemente se consideran a sí mismos como una nación de mentirosos, de destructores buscadores de poder, de sufridas mujeres resentidas y de engreídos hombres de presa —dice Michael Maccoby.

—Sí —afirma Gordon W. Hewes—, consideran los rasgos de los más desamparados como símbolo de toda la nación.

—Uno de estos intelectuales, Octavio Paz, parece creer que todos los mexicanos son sádicos. Según los datos de nuestra encuesta sólo 30% de los hombres tienen tendencias sádicas —dice Erich Fromm.

—Además —agrega Maccoby— tengo la impresión de que los autores mexicanos subestiman los efectos de vivir a la sombra de Estados Unidos en los sentimientos de inferioridad. . .

Abandonemos aquí el simulacro, y dejemos a nuestros intelectuales discutiendo en el pequeño café de la calle López.

Más allá de la querella filosófica mexicana y de sus aportaciones —que son más de las que se les suele reconocer hoy— me parece que se vislumbra un fenómeno cultural de gran importancia: la gestación de un mito moderno basado en los complejos procesos de mediación y legitimación que una sociedad desencadena cuando declinan las fuerzas revolucionarias que la constituyeron. Es el mito del héroe agachado, figura que Diego Rivera consagró en el hombre acurrucado en su sarape y bajo un enorme sombrero; y que ha sido motivo de broma en las estupendas caricaturas con que Rius se burla del estereotipo. Es evidente que se trata de una imaginería tributaria de uno de los mitos más antiguos, el mito de la Edad de Oro perdida; pero lo peculiar de la recreación mexicana moderna del mito es que engendra a un héroe trágico escindido, que cumple diversas funciones: representa las virtudes aborígenes heridas que nunca volveremos a ver; al mismo tiempo, representa el chivo expiatorio de nuestras culpas, y sobre él se abate la furia que se destila de las frustraciones de nuestra cultura nacional; representa a los campesinos sin tierra, a los trabajadores sin trabajo, a los intelectuales sin ideas, a los políticos sin vergüenza. . . En fin, representa la tragedia de una patria en busca de la nación perdida.

Lo específicamente moderno de este mito radica en que el estereotipo del anti-héroe aparece como una dimensión interna a los individuos: se cree que los mexicanos llevan dentro, incrustado en su ser profundo e inconsciente, un *alter ego* cuyas raíces se hunden en la noche de los tiempos y se alimentan de antiguas savias indígenas. Se concibe como un ser larvario interior alentado por emanaciones de un nudo de complejos psicológicos y de tensiones filosóficas que surgen de los insondables pozos del alma colectiva. Aunque el héroe agachado es fundamentalmente una transfiguración del indio y una transposición de rasgos campesinos, a su humilde nacimiento fueron convocadas importantes corrientes de ideas: el surrealismo, el psicoanálisis y el existencialismo. De allí las formas oníricas del mito, su inmersión en las aguas de la infancia y la angustia que lo tiñe.

De AXOLOTL, seu Lusu Aquarum.

El complejo reptílico.

Este grabado apareció en la *Historia de los animales de la Nueva España* que publicó en el siglo XVI el protomédico Francisco Hernández. El dibujante imaginó erróneamente, basado sólo en la descripción, un reptil similar al cocodrilo.

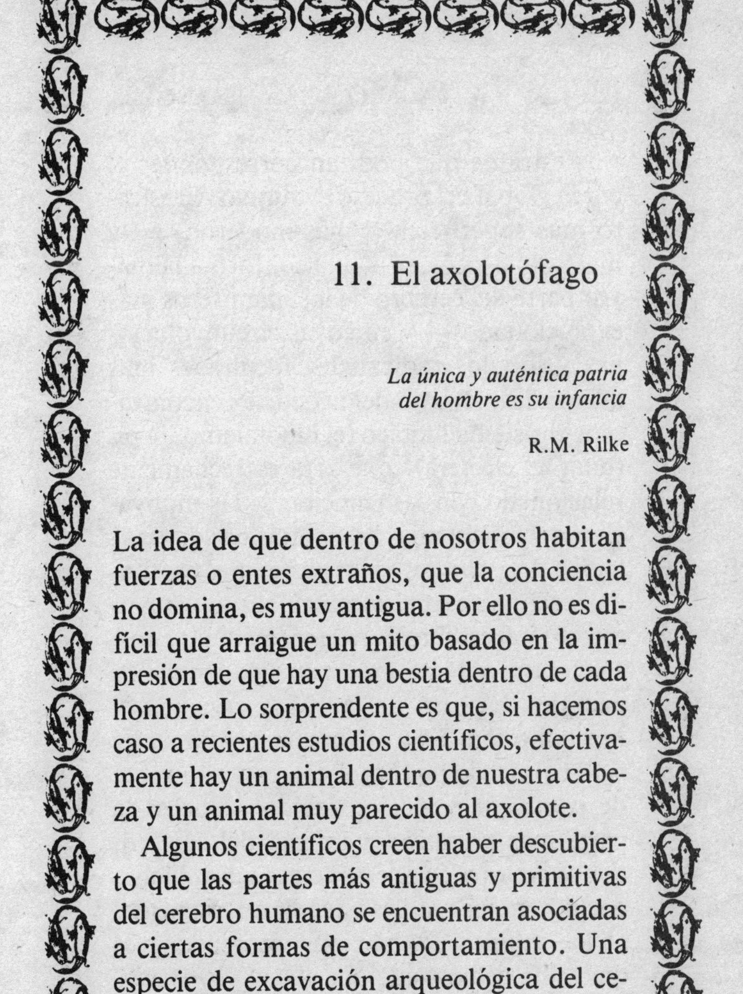

11. El axolotófago

La única y auténtica patria
del hombre es su infancia

R.M. Rilke

La idea de que dentro de nosotros habitan fuerzas o entes extraños, que la conciencia no domina, es muy antigua. Por ello no es difícil que arraigue un mito basado en la impresión de que hay una bestia dentro de cada hombre. Lo sorprendente es que, si hacemos caso a recientes estudios científicos, efectivamente hay un animal dentro de nuestra cabeza y un animal muy parecido al axolote.

Algunos científicos creen haber descubierto que las partes más antiguas y primitivas del cerebro humano se encuentran asociadas a ciertas formas de comportamiento. Una especie de excavación arqueológica del cerebro humano nos revelaría que hay varios estratos que podrían corresponder al curso global del proceso evolutivo. El estrato más superficial, y más moderno, es la masa del neocórtex —que conforma la mayor parte del cerebro de los mamíferos más evolucionados— y en cuyas circunvoluciones y lóbulos radican las facultades más avanzadas. Debajo del neocórtex encontramos el sistema límbico (el hipotálamo, la pituitaria, etcétera), que está estrechamente relacionado con las emociones, las motivaciones y los sistemas homeostáticos de regulación. Por último, en las partes más profundas encontramos el mesencéfalo (o cerebro medio) y el cerebro posterior (médula, pons, etcétera); allí se localizan los procesos neurales básicos de autoconservación y reproducción. Esta estructura profunda ha sido bautizada por MacLean con el nombre de *complejo reptílico*, debido a que es la parte más primitiva y antigua del cerebro, que se desarrolló hace centenares de millones de años en los reptiles y, embrionariamente, en los anfibios. Pero lo más sorprendente es que se ha demostrado que el *complejo reptílico* desempeña un papel importante en la *conducta agresiva*, la *territorialidad*, los *actos rituales* y el establecimiento de *jerarquías sociales.*[1] Carl Sagan ha escrito reflexiones muy interesantes a partir de las investigaciones de MacLean sobre los rasgos del complejo reptílico:

> Tengo la impresión —afirma— de que estos rasgos configuran en buena medida el comportamiento burocrático y político del hombre actual... Sorprende comprobar en qué medida nuestros actos reales —en contraposición a lo que decimos o pensamos— pueden explicarse en función de las pautas que rigen la conducta de los reptiles.[2]

Para Carl Sagan los rasgos humanos que emanan del complejo reptílico —principalmente los actos rituales y las jerarquías— son esencialmente peligrosos, aunque se encuentran controlados por las funciones superiores del neocórtex. Por un camino diferente, otro científico ha llegado a plantear el mismo problema, aunque su apreciación es muy distinta a la de Sagan. Para Konrad Lorenz el ritual es muy valioso: "La desviación o reorientación del ataque es probablemente la escapatoria más inge-

[1] MacLean, Paul D., *A Triune Concept of the Brain and Behaviour.*

[2] *Op. cit.*, p. 81.

niosa que haya inventado la evolución para diferir la agresión por vías inofensivas."[3] Fue Julian Huxley quien al hacer estudios sobre el comportamiento del somorgujo encopetado descubrió que hay algunos movimientos de los animales que, en el curso de la filogénesis, pierden su función primitiva y se convierten en ceremonias meramente simbólicas; Huxley definió este hecho como un proceso de *ritualización*.[4]

El problema planteado por K. Lorenz es el siguiente: hay una contradicción entre los impulsos agresivos y la conservación de una especie; la agresividad hacia otros animales es necesaria para la conservación de la especie; pero cuando la agresividad adquiere un carácter intraespecífico, es decir cuando se dirige hacia miembros de la propia especie, se convierte en una amenaza para la sobrevivencia. En este caso interviene la ritualización —explica Lorenz— para evitar que la agresión aniquile a la especie sin que sean eliminadas, no obstante, sus funciones indispensables en interés de todos: se mantiene inalterada la pulsión agresiva, en

[3] Konrad Lorenz, *L'agression. Une histoire naturelle du mal*, p. 62.

[4] Cit. por K. Lorenz, *op. cit.*, *loc. cit.*

general útil e indispensable, pero se generan —para casos particulares que podrían ser nocivos para la especie— mecanismos especiales de inhibición. Concluye Lorenz: "Una vez más, hay aquí una analogía con la evolución cultural del hombre en el curso de su historia. Es la razón por la cual los más importantes imperativos de la ley mosaica, así como cualquier otra ley, son *prohibiciones* y no órdenes."[5] Es decir, *se prohíbe el acto pero no la tentación*: Dios prohibió que en el Edén la mujer y el hombre probasen el fruto del árbol del conocimiento, pero permitió que la serpiente los tentara. De aquí se desprende la trilogía característica de muchos mitos: prohibición-tentación-culpa. Muchos rituales políticos modernos se encuentran influidos por esta secuencia peculiar. Lorenz agrega:

> Los combates codificados entre vertebrados son un buen ejemplo del comportamiento análogo a la moral humana. Toda la organización de estos combates parece tener como fin establecer quién es el más fuerte, sin estropear demasiado al más débil.[6]

[5] *Op. cit.*, p. 111.
[6] *Op. cit.*, *loc. cit.*

La interpretación de Lorenz, de hecho, justifica la agresión simbólica y la violencia *casi* inofensiva de la política tal como la conocemos: mientras la lucha sea ritualizada, cobra *pocas* víctimas y la especie no se encuentra globalmente amenazada. Si damos un paso más en esta dirección, lograremos justificar las guerras limitadas que —supuestamente— nos evitan una guerra total que exterminaría a la humanidad. Yo creo que esta interpretación contiene un equívoco; nada garantiza que la lógica de la dinámica social siga el mismo curso de la lógica de la vida de las especies; es posible que las pequeñas guerras simbólicas nos introduzcan en una espiral que nos lleve a una catástrofe general. Sin embargo, creo que el hombre será capaz de controlar completamente los rituales reptílicos que su naturaleza alberga, de tal manera que no haya víctimas de ninguna clase, ni al nivel simbólico ni en pequeña escala.

Es preciso aceptar que puede haber un inquietante vínculo que relacione la política y la violencia con algunas peculiaridades alojadas en lo más profundo de nuestro ser biológico. Si esto es así —como todo parece indicarlo— debemos escudriñar con gran atención todos aquellos procesos políticos que encuentren, así sea parcialmente, una legitimación o un apoyo en pulsiones que emanan del "cerebro primitivo" del hombre. Yo creo que la evocación de un ente primigenio que le daría aliento al alma colectiva de un pueblo es precisamente uno de esos procesos político-culturales que buscan su apoyo en los resortes del *complejo reptílico*. Tal vez es ésta la razón por la que el nacionalismo es un fenómeno tan peligroso y eficaz. En este sentido, el axolote —anfibio en transición hacia las especies reptílicas— es una buena metáfora para describir al nacionalismo: en el interior de la cultura nacional mexicana se encuentra agazapado un angustiado axolote, que simboliza tanto las pulsiones reptílicas de la especie como una compleja construcción mitológica sobre el ser del mexicano. Pero existen otros seres extraños y felices llamados axolotófagos: parientes de aquel antiguo y dichoso pueblo, descrito por Herodoto, que se alimentaba únicamente del fruto del loto; cuando los compañeros de Ulises comieron el "florido manjar", dulce como la miel, se olvidaron de su patria y desearon permanecer con los lotófagos pa-

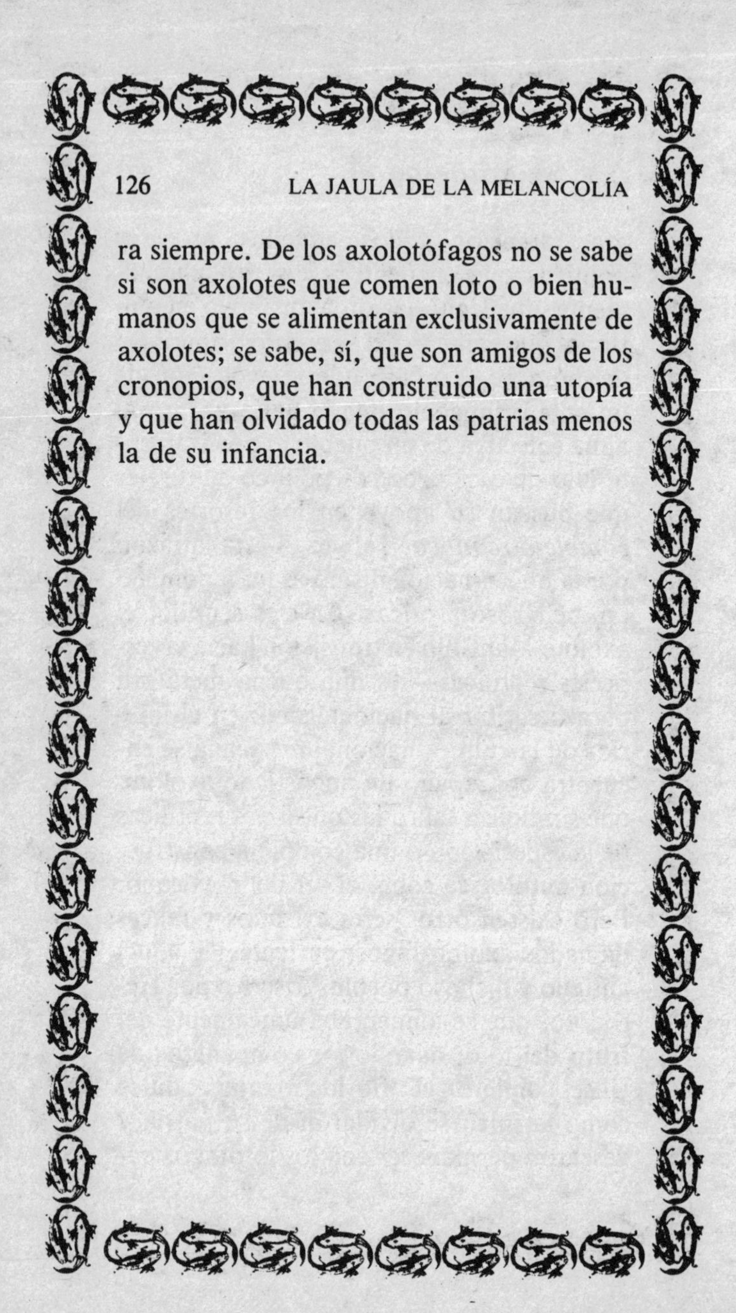

ra siempre. De los axolotófagos no se sabe si son axolotes que comen loto o bien humanos que se alimentan exclusivamente de axolotes; se sabe, sí, que son amigos de los cronopios, que han construido una utopía y que han olvidado todas las patrias menos la de su infancia.

12. Hacia la metamorfosis

Sobre la tristeza antigua, sobre la "vieja lágrima" de las gentes del pueblo mexicano, ha comenzado a brillar una luz de esperanza.

Pedro Henríquez Ureña,
Estudios mexicanos

Ahí están: miserables y harapientos, el lépero y su María arañan los bordes del mantel que cubre las largas mesas del suntuoso banquete de la historia. Han sido condenados a sumergirse en su propia indiferencia y a embriagarse con la inmundicia de la tierra. Debajo de las mesas se revuelcan en promiscua sexualidad con los de su estirpe.

De súbito, la soldadera de tropa andrajosa se yergue inmensa, preñada por las fuerzas del progreso. Su Adán agachado, con su ropa campesina y sus bigotes revolucionarios, revela una musculatura prometeica. La tierra mexicana ha recibido la semilla nueva y la Revolución estalla contra el México de la cortesía y el disimulo, para abrir paso al "rostro brutal y resplandeciente de la fiesta y la muerte, del mitote y el balazo, de la feria y el amor", como dice Octavio Paz.[1]

La Revolución es un espectáculo impresionante para la intelectualidad: de alguna extraña manera aquellos seres que parecían destinados a vivir con la cabeza agachada se rebelan y se transforman. En el fondo de los pozos del alma mexicana no sólo hay tristeza: hay también un potencial insospechado

[1] *El laberinto de la soledad,* p. 124.

de violencia. Es posible —piensan muchos— aprovechar esa energía para crear al hombre nuevo, para colocar al mexicano en el torrente de la historia universal. Para ello es necesario encontrar la verdadera personalidad del mexicano, descubrir su espíritu auténtico. Esa es la obsesión de Antonio Caso y, sobre todo, de José Vasconcelos. La escuela muralista y la llamada novela de la Revolución mexicana contribuyen a la búsqueda del verdadero *yo* del mexicano, sumergido en la melancólica otredad de los extraños seres expulsados del edén aborigen.

Esta tensión nacionalista estimula un nuevo proceso, paralelo al que genera el mito del edén subvertido. Para una parte de la cultura dominante la masa popular deja de ser lo *otro;* el ajeno indio agachado es sustituido, o al menos complementado, por un nuevo estereotipo con el que las clases cultas pueden, hasta cierto punto, identificarse: el mexicano violento y revolucionario, emotivo y fiestero, urbano y agresivo. Aun alguien tan alejado de la Revolución como Antonio Caso admite que "la revolución consustancial es la forma categórica de nuestra existencia".[2] No hay que extrañarse, pues el signo de los tiempos modernos ya ha impreso su huella en la cultura mexicana; la señal distintiva de la modernidad es, como ha dicho Marshall Berman, la conciencia de vivir en un mundo en el que todo está preñado de su contrario.[3] No debe sorprender a nadie que el campesino sumiso se levante como zapatista revolucionario y que el "progreso" lo transforme en un hombre nuevo: el proletariado, héroe de la modernidad.

La leyenda del hombre nuevo se entreteje con los mitos del indio agachado, y con frecuencia los hilos se enredan y se confunden. No siempre es fácil entender la trama. Como es obvio, el hombre nuevo no aparece directamente como proletario sino en raras ocasiones: usa muchos disfraces que ocultan y transforman al nuevo héroe. Pero siempre aparece como un ser metamorfoseado, diferente a su matriz campesina indígena. Las condiciones que rigen la metamorfosis son vistas de muy diferentes formas, desde el mestizaje que crea la raza cós-

[2] "La opinión de América", en *El problema de México y la ideología nacional* (1924).
[3] *All That is Solid Melts Into Air,* p. 22 y ss.

mica iberoamericana de José Vasconcelos hasta la organización de la vanguardia obrera en la que pensaron los muralistas marxistas. El *pelado* o el *pachuco* son otras tantas formas que adquiere el tránsfuga del edén subvertido que logra insertarse en el universo industrial urbano dominado por el capitalismo moderno. El resultado de la metamorfosis es visto de muy diversas maneras, pero casi todas coinciden en señalar un aspecto peculiar del hombre nuevo: su carácter violento. Por esta razón la mayor parte de los comentaristas buscan en los estratos más bajos de la sociedad al prototipo del ser nacional:

> para comprender el mecanismo de la mente mexicana —dice Samuel Ramos— la examinaremos en el tipo social en donde todos sus movimientos se encuentran exacerbados, de tal suerte que se percibe muy bien el sentido de su trayectoria. El mejor ejemplar para estudio es el 'pelado' mexicano, pues él constituye la expresión más elemental y bien dibujada del carácter nacional.[4]

Es tan grande el desamparo del *pelado* que no tiene ni siquiera medios para ocultar su carácter: "lleva su alma al descubierto —dice Ramos—, sin que nada esconda sus más íntimos resortes".[5] Lo primero que advierte Ramos, al asomarse a examinar el alma desnuda del *pelado,* es su naturaleza explosiva y violenta, típica del resentimiento de esa *"fauna* social de categoría ínfima. . . , el desecho de la gran ciudad".[6] Aunque el *pelado* mantiene algunas de las características típicas de su origen campesino (primitivismo, etcétera), es un ser que ha perdido sus tradiciones y que vive en un contexto que todavía le es extraño: el mundo industrial urbano (en el caso del *pachuco,* el mundo capitalista anglosajón). Es un hombre que ha olvidado su matriz rural, al que le han quemado las naves y que se enfrenta a una situación que

[4] *El perfil del hombre y la cultura en México,* p. 53. Es lo que Revueltas llamaba el "lado moridor": *cf.* Evodio Escalante, *José Revueltas. Una literatura del "lado moridor",* p. 23.

[5] *Op. cit., loc. cit.*

[6] *Op. cit.,* p. 54, subrayados de RB.

le es ajena pues aún no es la suya. Es un hombre atrapado y, por ello, potencialmente violento y peligroso. Se le ha arruinado el alma antigua y en su corazón no se escuchan todavía las cadencias modernas. La modernidad sólo le ha mordido la carne, quedando sujeto a las tenazas de la industria y a las inclemencias de la calle: pero su espíritu se encuentra en estado de rebeldía o, al menos, de desorden. De allí la energía violenta que genera, y que debe ser aprovechada para crear la raza cósmica, para fecundar a la nación empobrecida, para liquidar al hombre colonizado o para forjar al proletariado revolucionario.

Aunque Samuel Ramos —seguramente para tranquilizar las buenas conciencias burguesas— se esfuerza por demostrar que la ferocidad del pueblo mexicano no es más que una grotesca y malvada pantomima que oculta un complejo de inferioridad, no logra borrar el hecho fundamental: esos mexicanos no sólo son peleoneros y agresivos en las cantinas, sino que han desencadenado una de las más violentas revoluciones de la era moderna. Por eso Agustín Yáñez —hombre del nuevo régimen— reivindica al *pelado* que "reacciona sin otra malicia que su voluntad libertaria, su cansancio de postergación y su miseria orgullosa"; continúa Yáñez: "como sólo cuenta con su primitivismo realista, el 'pelado' se hace entender y respetar por obras de violencia física, con palabras bruscas y sin sentido, con gesto y ademanes de increíble elocuencia o con una oposición pasiva, testaruda".[7]

Con la creación del mito del mexicano moderno ocurre un proceso similar al que se desarrolla con la formación del indio como prototipo del mexicano tradicional. Es necesario inventar un personaje que encarne el drama de la modernidad, de

[7] A. Yáñez, "Estudio preliminar" a Joaquín Fernández de Lizardi, *El pensador mexicano*, p. XXIV. En un ensayo muy interesante Carlos Monsiváis señala que la "cultura nacional dominada" —de las clases subalternas— es vulgar, reaccionaria, fatalista, degradada, primitiva, autocomplaciente, informe, resentida, caótica, feroz, rijosa, represiva, patéticamente resignada, irreverente, gozosamente obscena, supersticiosa y machista. Aunque no escatima adjetivos, le parece finalmente que se trata de una cultura vital y generosa que resiste la opresión de la cultura nacional hegemónica que emana de los medios masivos de comunicación, del Estado y de la Iglesia católica, apuntalada por las empresas trasnacionales y el capitalismo dependiente. *Cf.* "De algunos problemas del término 'cultura nacional' en México."

la misma forma que —como afirmó Manuel Gamio—, en ausencia de un conocimiento preciso sobre la realidad indígena, es necesario "forjarse —ya sea temporalmente— un alma indígena".[8] El mexicano moderno aparece aún más borroso y desconocido que el indio: su invención, sin embargo, es indispensable para fundamentar y consolidar el nacionalismo del nuevo Estado de la Revolución mexicana. El mito del indio, con su inevitable cauda de tristezas rurales, no es suficiente; el mexicano moderno debe contener la tragedia del mestizaje en un contexto urbano. El *pelado,* dice Yáñez, "es el mexicano en estado de naturaleza y, para mayor connotación, el tipo representativo de nuestro mestizaje". El *pelado* mestizo es definido como un ser contradictorio e híbrido, en cuyo interior chocan dos corrientes: "recela de sí mismo, de la parte que en él es extranjera, de los impulsos que lo dirigen a rumbos contradictorios". El resultado es que el *pelado* es desconfiado, realista, escéptico, pesimista, indisciplinado, desordenado, terco y manifiesta una "crueldad doblemente ancestral" (indígena y española).[9]

En algunas de sus expresiones, el mito del mestizo denota una fuerte influencia de Gustave Le Bon, quien afirmó —según repite Trejo Lerdo de Tejada, en plena época revolucionaria— que un pueblo de mestizos es un pueblo ingobernable. Es necesario, pues, domesticar este pueblo mediante la modernización económica y la educación, para que la masa de analfabetas —para decirlo con las palabras con que Luis G. Urbina concluye el libro de Trejo Lerdo sobre el nacionalismo— así como los indios, se adapten "apresuradamente a la civilización, y llegar así, por rápido y seguro unimismamiento moral, intelectual y social, a la urgente cristalización de un alma nacional mexicana".[10] A esto debemos agregar que las ideas sobre el *pelado* tienen también antecedentes directos en las tradiciones positivistas de la intelectualidad por-

[8] M. Gamio, *Forjando patria,* p. 25.

[9] A. Yáñez, *op. cit.,* p. XXVI.

[10] Carlos Trejo Lerdo de Tejada, *La revolución y el nacionalismo,* pp. 43-44. Al final del libro hay dos apéndices de M. Márquez Sterling y de Luis G. Urbina; la cita de este último procede de la p. 265.

firista. El ejemplo más evidente es el ensayo de Ezequiel Chávez publicado en 1901:[11]

> La sensibilidad —afirma Chávez— del individuo a quien despectivamente llamamos el *pelado* en México es exterior, centrífuga y expansiva; si el indio jamás o casi nunca procede por súbitas reacciones, si su emotividad está formada por pasiones que estallan aparentemente en frío, por lo contrario en el mestizo vulgar es siempre o casi siempre impulsiva, ardorosa y fugaz.

El "mestizo vulgar" o *pelado* se convierte, ayudado por el alcohol, en "una máquina de impulsos, en un resorte que cualquier soplo suelta y que se precipita en múltiples agresiones por los más fútiles motivos".[12] Esta sensibilidad a flor de piel, precisamente porque no es profunda, ocasiona en los *pelados* una gran inestabilidad; en lo único que son estables es en su amor propio, "que ellos llaman a veces su dignidad": estos "mestizos vulgares" diez años después alimentarán con su dignidad el fuego de la Revolución, y serán convertidos en el símbolo de la nueva nación. En cierta manera los gobiernos revolucionarios y posrevolucionarios cumplieron un proceso que Chávez señalaba como inconcluso: el pueblo mexicano aún no ha sido "machacado por el mortero de los siglos, hasta llegar a formar un solo cuerpo con cierta homogeneidad".[13] El sedimento indígena perdura y, además, las "razas mezcladas" forman dos grupos irreductiblemente separados: unos son los "mestizos superiores" originarios de familias estables y que forman "el resistente nervio del pueblo mexicano"; pero a los otros, a los "mestizos vulgares", no se les ha formado un "alma de cooperador orgánico" pues descienden de "individuos unidos en desamparado tálamo de incesantes amasiatos". Pero la Revolución aceleró el "mortero de los siglos" y el resulta-

[11] E. Chávez, "Ensayo sobre los rasgos distintivos de la sensibilidad como factor del carácter mexicano". Se trata de una memoria presentada el 13 de diciembre de 1900 a la Sociedad Positivista de México.

[12] *Op. cit.*, p. 95.

[13] *Op. cit.*, p. 83.

do fue que estos mestizos se convirtieron en el símbolo unimismador del progreso nacional. El nuevo nacionalismo que emanó de la Revolución usó la misma figura del *pelado,* pero ahora como símbolo revolucionario. José Clemente Orozco, harto del patrioterismo de la época, exclamó:

> detesto representar en mis obras al tipo odioso y degenerado del pueblo bajo y que generalmente se toma como asunto 'pintoresco' para halagar al turista o lucrar a su costa. Somos nosotros los primeros responsables en haber permitido que se haya creado y robustecido la idea del que el ridículo 'charro' y la insulsa 'china poblana' representen el llamado 'mexicanismo'. . . Por estas ideas renuncié de una vez por todas a pintar huaraches y calzoncillos mugrosos. . .[14]

Pero la cultura dominante, desde luego, no renunció al estereotipo del *pelado,* y en sus muy diversas versiones quedó institucionalizado como la encarnación del mexicano de la modernidad revolucionaria.[15]

Como puede comprobarse, el héroe de la modernidad mexicana —el *pelado*— alberga muchas de las peculiaridades del bárbaro agachado. Pero desborda los límites que definen al arquetipo del indio melancólico. La llamada filosofía de lo mexicano hace énfasis en los aspectos primitivos del *pelado,*

[14] Expresado por Orozco en 1923. Citado por Olivier Debroise, *Figuras en el trópico, plástica mexicana 1920-1940,* p. 54. Una versión oficial del estereotipo del charro puede encontrarse en "Charrería, deporte nacional" de Higinio Vázquez Santana.

[15] Julio Guerrero en *La génesis del crimen en México* describe a la plebe de manera muy similar (pp. 158 y ss.). Ezequiel Chávez cita como apoyo y precedente, a sus apreciaciones sobre el *pelado,* una graciosa caracterización de Francisco Bulnes, que transcribo: "es fanfarrón y valiente. . . pero no es supersticioso, ni potruco, ni semidiós. . . es prácticamente polígamo, infiel a todas sus damas, a sus dioses y a sus reyes. Es un espíritu. . . bárbaramente escéptico, desinteresado como el indio, con una gran virtud: nada, ni nadie le produce envidia. No tiene más aspiración que la de ser muy hombre. . . ama a su patria y tiene el sentimiento de lo que es una gran nación; es fiel como un árabe cuando promete pelear e informal como un astrólogo cuando promete saldar sus deudas. . . es anticlerical, jacobino sin apetito sanguinario: se burla de los frailes sin aborrecerlos y le entusiasma todo lo que es progreso, osadía, civilización", *op. cit.,* p. 89. Chávez objeta esta última tesis, pues no cree que el "mestizo vulgar" sea siquiera capaz de representarse mentalmente el futuro.

para enfrentar la exaltación populista que hacen de él los intelectuales más ligados al Estado y a sus tradiciones revolucionarias. La filosofía de lo mexicano se apoya en el arquetipo del héroe agachado, lo coloca en el contexto de los tiempos urbanos modernos y le ofrece así a la cultura dominante la posibilidad de descargar una ferocidad simbólica sobre la imagen de un pueblo sumiso. El *pelado* es la metáfora perfecta que hacía falta: es el campesino de la ciudad, que ha perdido su inocencia original pero no es todavía un ser fáustico. Ha perdido sus tierras pero todavía no gana la fábrica: entre dos aguas, vive la tragedia del fin del mundo agrario y del inicio de la civilización industrial. Esta imagen de una cultura anfibia, que no debe caer ni en el mimetismo autodenigratorio ni en el nacionalismo extremo, se ofrece como modelo a seguir desde mediados del siglo XX; tiene el atractivo adicional de permitirle al mexicano asomarse al abismo del drama existencial y sentir el vértigo de la modernidad.

La vulva de la axolota mexicana fue tema de discusión pública en París.

Lámina que ilustra el citado ensayo de Cuvier publicado en 1811.

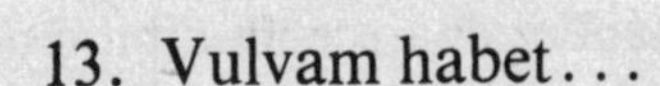

13. Vulvam habet...

La evidentísima sensación de que los ajolotes ilustran una teoría radical, inquietante, garrafal, acerca de la naturaleza de la vida, es lo que origina un sinnúmero de posibles mitologías sobre ellos.

Salvador Elizondo,
Ambystoma tigrinum

Cuando los españoles llegaron a México también decidieron conquistar al axolote. Pero, por alguna razón, el axolote les jugó una broma y les mostró su aspecto inquietante y erótico. La primera descripción científica que hiciera en el siglo XVI el médico Francisco Hernández causó no pocas confusiones a los biólogos, no sólo por su culpa sino también por la de sus traductores. Hernández señaló que el axolote "tiene vulva muy parecida a la de la mujer, el vientre con manchas pardas... Se ha observado repetidas veces que tiene flujos menstruales como las mujeres, y que comido excita la actividad genésica. . .".[1] Pero en el libro de Hernández aparece un dibujo del axolote —la primera imagen que de él circuló en Europa— que no tiene nada que ver con el anfibio: el artista se basó sólo en la parte de la descripción que compara sus efectos afrodisiacos con los de la carne de cocodrilo, puesto que Hernández afirma que ambos animales "son quizá de la misma especie".

Cuando Clavijero, en el siglo XVIII, escribe su *Historia antigua de México* dice del axolote que "su figura es fea, y su aspecto ridículo". Y agrega: "Lo más singular de este pez, es tener el útero como el de la mujer, y estar sujeto como ésta a evacuación periódica de sangre, según consta en muchas observaciones de que habla el doctor Hernández." En dos notas entabla una curiosa polémica con Valmont de Bomare, autor del muy usado *Dictionaire Raissoné Universel d'Histoire Naturelle* en donde se

[1] *Cf.* el resumen realizado por Recchi: *Rerum Medicarum Novae Hispaniae Theaurussey Plantarum, Animalum Mineralum Mexicanorum Historia* ex Francisci Hernández. . . ex Typographei Vitalis Mascardi, Roma, 1651, pp. 316-317. Trad. esp. en *Obras Completas*, tomo III, p. 390.

ponían en duda los flujos menstruales del axolote:

> teniendo en favor —dice Clavijero con fervor patriótico— el testimonio de los que han tenido años enteros este pez a la vista, no debemos atender a la desconfianza de un francés, que aunque muy docto en la historia natural, no ha visto jamás el *ajolote* ni aun sabe su nombre, especialmente cuando la evacuación periódica no es tan exclusiva de las mujeres, que no se halle en algunas especies de animales.

Y cita el caso de las hembras de los simios en apoyo a su idea. En contraste, José Antonio Alzate, en sus importantes notas a la obra de Clavijero, le da la razón al naturalista francés:

> Entre los ajolotes hay algunos amarillos con pintas oscuras. Es verdadero pescado pues tiene agallas u oídos por donde respira. En lo demás tuvo razón Bomare para dudar del fenómeno que se refiere, pues por la disección he verificado ser falso.[2]

[2] Francisco Clavijero, *Historia antigua de México*, libro primero, p. 106. La referencia de Alzate puede encontrarse en Roberto Moreno, "Las notas de Alzate a la Historia Antigua de Clavijero (Addenda)", p. 110. Véase también de Alzate su artículo "Axólotl". El axolote vive en la húmeda melancolía, en "un mundo mojado, casi diluviano" (como la dibuja Foucault). Ese es precisamente el tipo de mundo que inventó Corneille de

Algún tiempo después Humboldt tuvo también su encuentro con los extraños animales. Desde México se llevó dos axolotes a París y se los entregó a Georges Cuvier para que los estudiase. La vulva de la axolota mexicana volvió a ser tema de discusión pública: el gran naturalista francés leyó una solemne memoria en el Instituto Nacional los días 19 y 26 de enero de 1807 dedicada al misterioso anfibio; reconoció la calidad de la descripción de Hernández y comentó:

> aun las palabras *vulvam habet muliebri simillimam* son verdaderas, con la restricción de que hay que comprender que se refieren al ano del *axolotl*: debió haber dicho *anum habet vulvae muliebri simillimum*. Esta es una característica general de las *salamandras*.

Cuvier agrega una explicación plausible sobre la misteriosa menstruación del anfibio:

Pauw —el enemigo de Clavijero— en el siglo XVIII, para explicar la degeneración de los americanos: había para él una correspondencia entre el ambiente húmedo, viscoso y pantanoso cuya acuosa putrefacción condicionaba el carácter monstruoso y vicioso de los habitantes —hombres y animales— de América. *Cf.* el interesante estudio de G. Marchetti, *Cultura indígena e integración nacional,* donde se analizan con cuidado las *Recherches philosophiques sur les Américains* de Pauw, publicadas en Berlín en 1768-69.

> Esta semejanza exterior [con la vulva de la mujer] y tal vez el color rojizo de los excrementos es lo que habría hecho afirmar a aquéllos de quienes Hernández obtuvo su información que el *axolotl* está sometido a flujos periódicos. Hernández agrega, y ello es más verosímil, que la carne de *axolotl* es agradable y salubre, que su sabor asemeja el de la anguila y que se considera afrodisiaca como la del *estinco*.[3]

Cuvier acompañó sus explicaciones con excelentes láminas ilustrativas, una de las cuales mostraba el vientre lúbrico del axolote y su discutida vulva.

Cuvier explicó cómo un antiguo error de traducción (ocasionado por Ximénez en 1615, quien sustituye *vulva* por *útero* o *matriz*) provocó la comprensible sorpresa de los naturalistas por las contradicciones absurdas de la anatomía del axolote. Otro aspecto que continuó sorprendiendo fue la presencia y persistencia de branquias externas, a los lados de la cabeza, en un animal anatómicamente similar a la salamandra. En esto no había error: efectivamente se trataba de un anfibio adulto que no había perdido las branquias típicas de la fase lar-

[3] "Recherches anatomiques sur les reptiles regardés encore comme douteux par les naturalistes; faites a l'ocassion de l'axolotl, rapporté par M. de Humboldt du Mexique."

val (como les pasa a los renacuajos al metamorfosearse en ranas). Pero Cuvier, fiel a la lógica de la anatomía comparada, concluyó que el axolote no era más que la larva de una gran salamandra. No obstante, años después, en su célebre clasificación del reino animal Cuvier se vio obligado a clasificar al axolote como un perennibranquio: el axolote se rebelaba tercamente a la lógica científica de la época, pero el naturalista francés —terco también— escribió una nota de advertencia al pie de la página: "He colocado al *axolotl* entre los géneros de branquias permanentes todavía con dudas; pero tantos testigos aseguran que no las pierde que me veo obligado a hacerlo."[4]

La terquedad francesa se manifestó también en otros terrenos, y el ejército napoleónico invadió México. Sus derrotas en esa empresa quimérica y absurda no impidieron que en 1864 los invasores enviasen a París los primeros axolotes vivos que pudieron conocer los europeos. Los recibió un colaborador y discípulo de Cuvier, que había contribuido a la realización de los dos pri-

[4] Cuvier, *Le regne animal distribué d'aprés son organisation*, vol. 2, p. 119.

meros tomos de las célebres *Lecciones de anatomía comparada,* Auguste Dumeril. En enero de 1865, según relato de Dumeril, hubo "gran agitación" en el acuario donde habitaban los extravagantes anfibios: los machos soltaron una mucosidad y la hembra posó su discutida vulva encima de ella. En septiembre de 1865 nació la primera generación de criollos europeos, hijos de padres que no habían perdido sus branquias juveniles.

Pero lo que causó asombro y alegría fue el hecho de que poco después varios axolotes nacidos en París se metamorfosearon en salamandras adultas. Sin embargo, sus padres jamás se metamorfosearon: se mantuvieron dignos en su terquedad axolótica original.[5] A los ojos de los naturalistas europeos el axolote, de alguna extraña manera, era efectivamente la larva de una salamandra. De momento la lógica occidental conquistaba al rebelde anfibio mexicano, y el alma de Cuvier podía descansar en paz.

[5] Dumeril, A., "Reproduction, dans la Ménagerie des Reptiles au Muséum d'Histoire naturelle, des Axolotls, Batraciens urodèles à branchies persistantes, de México. . .", "Nouvelles observations sur les Axolotls. . .".

14. La prole sentimental

Los léperos son proletarios en el sentido estricto de la palabra. Epicúreos en principio, evitan en lo posible las molestias del trabajo y buscan el placer dondequiera que pueda ser alcanzado.

Carl Christian Sartorius,
México about 1850

En una de esas típicas viñetas que los visitantes norteamericanos gustan hacer de México y de sus habitantes se encuentra la graciosa imagen de un carnicero. Se describe una carnicería de la ciudad de México, con una res despellejada colgando del techo, lo mismo que variadas carnes, embutidos y guirnaldas de papel dorado; en el centro de la exposición carnal aparece la Virgen de Guadalupe. Pero lo que más le llamó la atención a Mayer, que es quien describe, fue el carnicero:

> personaje de aspecto sentimental, de ojos negros, guedejas encrespadas, en suma, una persona de lo más atrayente, quitándole la especie de brillo aceitoso que le hace relucir la piel. Invariablemente lo hallaba en postura romántica entre su sierra y su hacha, tocándole la guitarra a media docena de criadas, que sin duda acudían a comprarle los 'bisteces' atraídas por el reclamo de sus canciones de amor.

Y concluye Mayer: "No es cosa vulgar el ver semejante mezcla de carne y música." El estereotipo nos es familiar: podemos imaginarnos fácilmente a Pedro Infante encarnando uno de los típicos personajes cantores del romanticismo plebeyo. Sin embargo, la descripción del carnicero sentimental fue publicada en 1844.[1]

Si Vasconcelos leyó alguna vez las líneas anteriores, que reflejan el asombro de un anglosajón ante la emotividad mexicana, con seguridad pensó que eran una confirmación de su intento de darle una dimensión filosófica al carácter emotivo de la raza cósmica, como alternativa al frío pragmatismo anglosajón. De hecho Vasconcelos —lo mismo que Antonio Caso— representa una reacción de romanticismo tardío: al igual que el irracionalismo romántico alemán, Vasconcelos afirma los valores del sentimiento contra la razón:

> Yo creo —dice Vasconcelos— que corresponde a una raza emotiva como la nuestra sentar los principios de una interpretación del mundo de acuerdo con nuestras emociones. Ahora bien, las emociones se manifiestan no en el imperativo categórico, ni en la razón, sino en el juicio estético, en la lógica particular de las emociones y la belleza.[2]

Recordemos que también Antonio Caso, en su lucha contra el positivismo, quiere hacer una interpretación emotiva del mundo, y por ello se niega a construir un sistema filosófico, a diferencia de Vasconcelos que sí lo intenta (aunque no lo logra). Caso piensa que la economía es una forma de pensamiento racional y considera "el sistema como la forma intelectual más económica de todas y, por consiguiente, la más falsa".[3]

Así, la vieja pugna entre latinidad y sajonismo se mezcla con otra contradicción peculiar de la cultura europea: el conflicto entre románticos y clásicos. Moreira ha hecho notar que en Brasil —pero yo creo que lo mismo ocurre en México y en muchos otros países latinoamericanos— se repite en tono

[1] Brantz Mayer, *México, lo que fue y lo que es*, p. 80.
[2] *Indología*, p. 137.
[3] En A. Villegas, *La filosofía de lo mexicano*, p. 71.

menor el conflicto entre románticos y clásicos. En la literatura latinoamericana se genera una oposición entre universalismo —que se confunde con lo europeo— y la expresión de la vida nacional o regional. En Europa el conflicto se refiere a la lucha entre lo clásico —fundamentalmente lo griego— y lo romántico o nacional: y mientras en Europa los románticos critican la imitación de lo griego, en América Latina se critica la imitación de lo europeo.[4] Pero Vasconcelos también quiere ser universal al ser hispánico, y en la línea de Rodó rechaza, no la cultura clásica, sino el racionalismo y el positivismo del Calibán anglosajón; paradójicamente, su forma de ser universal es profundamente irracional.

Samuel Ramos, en cierto modo, reacciona contra la exaltación irracional del sentimiento, la emoción y la intuición: "fue un tanto equivocado —dijo— abogar por la intuición en un país en el que hace falta la disciplina de la inteligencia".[5] Pero su resistencia al romanticismo de Caso y Vasconcelos no evita que acepte la base de la argumentación irracionalista: la idea de que el mexicano —por sus tendencias a la pereza y a la indisciplina— es efectivamente proclive a sustituir la razón por las emociones y la ciencia por la intuición.

En la imaginería moderna, los rasgos que la cultura dominante ve en la nueva masa urbana en proceso de proletarización son transpuestos al arquetipo tradicional del mexicano. El *pelado* que le sirve a Samuel Ramos como modelo es evidentemente el proletario. Pero es necesario "desproletarizar" —por así decirlo— las formas de vida proletaria para que puedan entrar a formar parte de "lo mexicano", es decir, para que ingresen a la cultura nacional despojadas en gran medida de su origen de clase. Ramos confiesa esta raíz clasista de su modelo de mexicano:

> Pudiera pensarse que la presencia de un sentimiento de menor valía en el pelado no se debe al hecho de ser mexicano, sino a

[4] Dante Moreira Leite, *O carácter nacional brasileiro*, p. 33.
[5] *Hipótesis*, p. 96, cit. por A. Villegas, *op. cit.*, p. 112.

> su condición de proletario. En efecto, esta última circunstancia es capaz de crear por sí sola aquel sentimiento, pero hay motivos para considerar que no es el único factor que lo determina en el pelado.[6]

Para Ramos es la nacionalidad lo que crea el sentimiento de inferioridad, lo que se comprueba —según él— por el hecho de que ese sentimiento también "existe en los mexicanos cultivados e inteligentes que pertenecen a la burguesía".[7] Podemos tal vez sonreír ante tan burda explicación, pero lo interesante es subrayar el nexo entre el estereotipo y los sentimientos del hombre proletario para quien el edén rural originario ya no es un punto de apoyo y referencia. De aquí procede su carácter sentimental y emotivo: la emotividad es una fragilidad interior, como explica Uranga, de quien vive amagado por la destrucción,[8] una herida ontológica que hizo pensar a Portilla que "los mexicanos somos existencialistas de nacimiento" debido al hecho de vivir afectados por una incurable accidentalidad.[9] Desde esta perspectiva existencialista se mantuvo el estereotipo: "El mexicano es caracterológicamente un sentimental. En esta índole humana se componen o se mezclan una fuerte emotividad, la inactividad y la disposición a rumiar internamente todos los acontecimientos de la vida."[10] José Iturriaga, en su muy citado inventario de rasgos caracterológicos mexicanos, también afirma que "el mexicano es sentimental, pese a su aspecto exterior de frialdad o de indiferencia".[11]

La emoción del mexicano proviene del mestizaje entre violencia e impotencia. Por ello se supone que es agresivamente apasionado, aunque fácilmente se disuelve en ruegos, lloros y quejas. La idea del mexicano melancólico —frío e indiferente— no es suficiente para captar el drama de la modernidad capitalista. Félix Palavicini, que es uno de los precursores en la invención del mito del mexicano, señala sintomáticamente:

[6] S. Ramos, *El perfil del hombre y la cultura en México*, p. 57.
[7] *Op. cit., loc. cit.*
[8] Emilio Uranga, "Ensayo de una ontología del mexicano", p. 136.
[9] Jorge Portilla, *Fenomenología del relajo*, p. 128.
[10] Emilio Uranga, *op. cit., loc. cit.*
[11] José Iturriaga, *La estructura social y cultural de México*, p. 231.

> Se cree que el alma de los mexicanos es melancólica; sus canciones dolientes, quejumbrosas, lánguidas, suelen dar idea de un pueblo que sufre. La verdad es que nuestro pueblo no es precisamente melancólico sino patético. Su alma no es triste sino trágica. . . El mestizo mexicano nunca *viene a ver si puede, sino porque puede viene, y no da de trompadas al sol por no dejarnos a oscuras.*[12]

La nueva raza cósmica acaba convirtiéndose en una mascarada patética de machismo sentimental, que es la forma en que aparece el mito en las innumerables canciones que gustan citar reiteradamente los estudiosos de "lo mexicano".

¿Qué futuro puede tener un país cuando su conciencia nacional parece naufragar trágicamente en las aguas agitadas del progreso y la modernización? ¿Qué escudo podrá proteger a la nación contra sus propios hijos, una prole de mestizos emotivos, groseros, holgazanes e indisciplinados? Es necesario integrar a esta rijosa prole de *pelados* en la cultura nacional, de la misma forma en que fueron incinerados los restos del pasado indígena para que renacieran en el mito unificador del campesino melancólico. Igualmente el nuevo Prometeo que la Revolución ha convocado —el mestizo cósmico, el proletario como embrión del hombre nuevo— va a quedar reducido a la imagen patética del *pelado.* El indio agachado no tiene futuro, pero tiene pasado; el nuevo héroe no tiene pasado, y tampoco tiene futuro. La mitología nacionalista lo ha castrado: ése es el precio que tiene que pagar el proletariado para entrar a formar parte de la cultura nacional.

La exaltación nacionalista del héroe de la modernidad revolucionaria —el convocado por Caso, por Vasconcelos y por el Estado mexicano— contiene un elemento de profunda irracionalidad: inventa y glorifica a un pueblo dotado de agresiva emotividad, capaz de resistir la inmersión en la fría tecnología y los contaminados y ponzoñosos aires de la sociedad industrial moderna. Con ello la cultura dominante

[12] Félix Palavicini, *Estética de la tragedia mexicana,* p. 105.

logra implementar sólidos procesos de legitimación nacionalista del Estado. Pero lo hace mediante un modelo de pensamiento estoico, que renuncia a transformar a la masa popular en una masa proletaria eficiente, capaz de soportar las formas modernas de explotación. El nacionalismo mexicano contiene un elemento estoico por estar impregnado de un desprecio profundo por el cuerpo social que lo sustenta, por la renuncia de su espíritu a las tareas mundanas inherentes a la sociedad industrial capitalista.[13] El espíritu habla en nombre de una raza que reacciona frente a la vida moderna protegiéndose con una costra de emotividad y de sentimentalismo. Es la respuesta del intelectual colonizado cuando es lanzado por el capitalismo moderno al inhóspito ambiente de la modernidad. En ello no hay una actitud anticapitalista: la modernidad es aceptada, pero con desgano. En esta actitud se puede reconocer el síndrome estoico de una cultura dependiente. El sentimentalismo, es cierto, tiene un origen popular: son conocidas —y no sólo en México— las reacciones de profunda emotividad que aparecen cuando la civilización industrial se apodera de los ambientes populares. Pero en México la élite política institucionaliza los gritos sentimentales del pueblo oprimido y los transforma en una alternativa para la cultura nacional.

[13] Las tendencias autodestructivas en la cultura mexicana, que elogian la corrupción y la ineficiencia, y hacen un culto de la muerte, podrían compararse a la exhortación del suicidio que hizo Séneca, pues la muerte no la veía como algo temible sino como una liberación. También la cultura rusa decimonónica exaltó la pereza, la impuntualidad, el descuido, la despreocupación y el derroche como valores positivos frente a la eficiencia alemana. Estas "virtudes" rusas fueron llamadas *bezalabershchina,* término que incorpora el verbo latino *elaborare* después del prefijo que indica ausencia: inhabilidad para terminar un trabajo. Esta versión rusa del *importamadrismo* todavía se practica en la URSS. *Cf.* R. Hingley, *The Russian Mind,* p. 41.

**Hay la creencia, muy común y vulgar,
de que se introducen en la vagina
de las mujeres.**

Dibujo de José María Velasco para ilustrar su artículo sobre el axolote de 1879.

15. El bisturí patriótico

Otra vez, el rostro atezado, redondo, macizo, inexpresivo de Su Excelencia sufrió una metamorfosis de inexplicable encanto: mientras los redondos ojos abiertos no pretendían ver nada, la tensión del cuello, los ágiles movimientos de la cabeza y la rápida palpitación de las aletas de la nariz le rejuvenecían, le prestaban la cándida sorpresa y la sutil inteligencia de una bestia que acabara de comunicarse con un mundo misterioso porque el aire le trajo de él, en una invisible brizna de polen, todo su vibrante paisaje.

Jorge Zalamea,
La metamorfosis de su Excelencia

Cuando el pintor José María Velasco recorría el valle de México para captar en sus hermosos cuadros la magia de la "región más transparente del aire", se interesaba también profundamente por el estudio de la flora y la fauna. Velasco era un buen naturalista y, como tal, se interesó mucho en el misterioso axolote. Conocía los estudios de Cuvier y Dumeril, de manera que fue cautivado por los acertijos que presentaba el axolote. Su curiosidad lo llevó a realizar una minuciosa investigación de las peculiaridades y costumbres del anfibio, acompañada de un estudio anatómico de sus sistemas circulatorio y respiratorio. Los resultados de su investigación fueron presentados en una memoria leída ante los miembros de la Sociedad Mexicana de Historia Natural en sus sesiones del 26 de diciembre de 1878 y del 27 de febrero de 1879.[1]

En esa memoria describió las inquietudes de Cuvier y las observaciones de Dumeril sobre la metamorfosis del axolote en salamandra. Señaló que, al conocer los experimentos de Dumeril en 1866, decidió comprobar el proceso de metamorfosis "en la naturaleza misma, en los acuarios naturales que México posee en su extenso y pintoresco Valle", lo cual —subrayó— era tarea dificilísima. Pero le molestaba que el descubrimiento de la metamorfosis del axolote

[1] Todas las citas subsiguientes provienen de esta memoria: "Descripción, metamorfosis y costumbres de una especie nueva de Siredon encontrada en el lago de Santa Isabel, cerca de la Villa de Guadalupe Hidalgo, Valle de México."

hubiese ocurrido en París y no en México, de donde era originario el animal. Emprendió la difícil investigación no por vanidad personal, "sino para que no se piense en el extranjero que [la confirmación de la metamorfosis] no se ha obtenido antes tal vez por una culpable indolencia de nuestra parte".

Velasco amaba a su patria y se extrañaba de que en México nadie hubiera comprobado la metamorfosis de un animal que se había convertido en un importantísimo personaje de las ciencias naturales.

> Yo os suplico, señores —les dijo Velasco a sus colegas de la Sociedad de Historia Natural—, que os fijéis desde luego en que han pasado algunos siglos sin que en mi patria, donde estos seres viven, hayan sido conocidas sus metamorfosis, no obstante de haber sido en el comercio de animales acuáticos un recurso poderoso, pues se han vendido siempre ajolotes en los mercados de México, y buscado con solicitud para nutrir a los niños enfermos. . .

El pintor había tomado el estudio de los axolotes como un deber patriótico: "Ciertamente, señores, y debo confesarlo, que me sentía yo cargar con esa obligación de buscarlos al menos. . .". Después de doce años de buscar axolotes, observarlos y

practicarles disecciones, arribó a conclusiones que juzgó dignas de publicación. "Llegó, por fin, mis queridos consocios —dijo con trémula voz—, el momento de entregaros cuentas de esa obligación que, como mexicano, pesaba sobre mí." A continuación suplicó la indulgencia del público por su incompetencia, se sintió obligado a agradecer el apoyo de un distinguido maestro y a felicitar a Dumeril porque sus descubrimientos habían por fin sido confirmados en la naturaleza (sin duda no sabía que el ilustre francés había muerto hacía ya ocho años. . .).[2] También pidió excusas porque las aguas turbias le habían impedido observar la forma en que se reproducían los axolotes. Hechas estas aclaraciones preliminares, Velasco continuó con la descripción de una nueva especie de axolote (de "siredon", como se le clasificaba entonces) encontrada en el lago de Santa Isabel, cerca de la Villa de Guadalupe Hidalgo. Se trataba de un animal verdoso con manchas negras y amarillas o doradas, que difería del axolote estudiado por Dumeril. Nuestro célebre pintor en realidad presenció la metamorfosis de otra larva de salamandra distinta al axo-

[2] Auguste Dumeril murió el 12 de noviembre de 1870.

lote neoténico que tanto preocupara a Humboldt y a Cuvier. Velasco reconoció que no había podido observar la reproducción de estos axolotes en el agua, así que no era posible afirmar que adquirían madurez sexual siendo larvas. Además, el lago de Santa Isabel se desecaba totalmente cada año, de manera que es evidente que las larvas debían metamorfosearse en salamandras para vivir en tierra. Velasco afirmó que no había comprobado ningún caso de metamorfosis de los axolotes de Xochimilco o de Chalco, que son los que se vendían frescos en los mercados. Y el hecho de que los axolotes de Santa Isabel se vendiesen asados y envueltos en hojas de maíz era la causa —explicó— de que la metamorfosis nunca hubiese sido comprobada.

Para terminar la primera sesión de la Sociedad, Velasco contó brevemente algunas de las aventuras terrestres de los axolotes de Santa Isabel: varios de los que tenía en su casa se escaparon; uno de ellos bajó al patio en donde le dio un susto al portero. Otros se escondieron en la cocina (sin duda en busca de mujeres, por lo que se verá a continuación), bajo la batea y en una hendidura del piso.

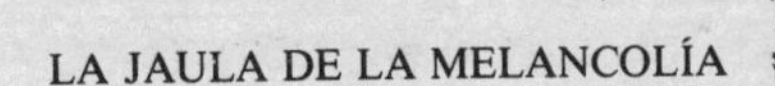

En los pueblos de la región se encontraron axolotes lejos del lago. Una criada de Velasco le contó que alrededor de las ocho de la noche aparecían axolotes en la cocina de su casa, retirada unos 200 metros del agua del lago. Velasco explicó que, después de las culebras, el peor enemigo del axolote es el hombre,

> que con la mayor prisa le quita la vida, no pudiendo tolerar la vista de estos animales que le son muy repugnantes: además —continuó Velasco—, hay la creencia, muy común y vulgar, de que se introducen en la vagina de las mujeres; por esta razón se las ve correr para alejarse de ellos, y no pocas veces gritando.

Velasco anotó al pie de la página que estos animales mueren a una temperatura de 35°C, con lo que insinuó que no resistirían el calor del sexo femenino. En la siguiente sesión de la Sociedad de Historia Natural el pintor explicó los resultados de las investigaciones realizadas por medio de su patriótico bisturí en la anatomía de los axolotes. Sus estudios lo convencieron de que en el axolote se mantenía ardiendo la llama que podía transformarlo en el animal del fuego, la salamandra.

16. Almas quemadas

Salamandra
en la ciudad abstracta
entre las geometrías vertiginosas
—vidrio cemento piedra hierro—
formidables quimeras
levantadas por el cálculo
multiplicadas por el lucro
al flanco del muro anónimo.

Octavio Paz, *Salamandra*

Una vez enfriadas las cenizas de la Revolución, en la cultura mexicana surge un problema crucial. Ya no son suficientes los mitos cosmogónicos y transhistóricos sobre el arquetipo eterno del mexicano bronco y salvaje que con terquedad cíclica se asoma por las ventanas del edificio de cemento y acero de la modernidad. Es necesario construir un mito paralelo sobre el hombre inmerso en el torbellino *histórico* desencadenado por la Revolución mexicana. Es interesante destacar que la cultura mexicana teje dos mitos en torno a lo que Mircea Eliade llama las cosmogonías del hombre arcaico y los terrores de la historia moderna.[1] Ya he señalado cómo el primer mito queda plasmado en la horrenda metáfora del hombre agachado. El segundo mito se va tejiendo como una gruesa malla que envuelve —pero no anula— al mito del mexicano arcaico. No es sorprendente que Octavio Paz, que no obstante tanto ha contribuido a desentrañar la tragedia de la modernidad, haya tenido que recurrir al arquetipo de la antigua barbarie azteca para explicar la masacre de 1968 en Tlatelolco: se supone que los sacrificios sangrientos en lo alto de la pirámide, que asegu-

[1] Mircea Eliade, *Cosmos and History. The Myth of the Eternal Return.*

ran la vuelta del tiempo, son convocados por el despotismo presidencial del gobierno de Díaz Ordaz.[2] La explicación de Octavio Paz sólo hace referencia a la abrupta intromisión del tiempo cosmogónico arcaico en el espacio de la modernidad. Pero la miseria y el sufrimiento del hombre moderno ya no pueden ser atribuidos a los antiguos dioses ni a los antiguos amos. Ya no hay tiempo circular que explique el dolor cotidiano como expiación de culpas ancestrales. Tampoco la nostalgia es responsable de la zozobra, pues se ha perdido la memoria de la primigenia felicidad dorada. La modernidad se niega a caminar por el sendero, trazado por la cultura hegemónica, que va de la expulsión del edén al apocalipsis.

El nacionalismo desencadenado por la Revolución mexicana —en un tragicómico retorno al positivismo decimonónico— cree que las ruedas del Progreso y de la Historia se han puesto a rodar hacia un futuro nacional de bienestar. Se decreta que todo sufrimiento es, por tanto, injusto y esencialmente pasajero. Sin embargo, ante la existencia aplastante de miseria y sufrimiento, la cultura hegemónica busca una respuesta. ¿Qué decirle a los nuevos léperos, a los modernos *pelados,* sobre la miseria actual? ¿Qué sentido puede tener una vida proletaria si ya ni siquiera el sufrimiento tiene un valor? La definición de las miserias sociales como males *históricos* (y, por tanto, transitorios) no es suficiente para legitimar un nuevo poder, pues el ciclo histórico es necesariamente más largo que la vida de cada persona. Es necesario encontrar una explicación ubicada dentro del espacio cultural *nacional*, que eluda toda alternativa radical (que amenaza con una nueva ruptura revolucionaria) pero que no acuda solamente a la gastada referencia nacionalista tradicional sobre las raíces indígenas del alma mexicana, al fatalismo religioso, o a la evocación de tendencias atávicas. El Adán agachado, expulsado de su edén subvertido, necesita de una nueva personalidad para enfrentarse a la sociedad capitalista. Pero su nueva personalidad no puede ser simplemente una variación del hombre pragmático, puritano, trabajador y eficiente creado

[2] "Crítica de la pirámide", en *Posdata.* Este texto de Paz es una aplicación creativa de las ideas de Mircea Eliade sobre el cosmos y la historia.

por la ética protestante para vivir en la jaula de hierro de una sociedad moderna desencantada, para decirlo con las imágenes de Weber. El mexicano moderno procura esconder su *alter ego* melancólico, para mostrar una faz de macho patriota y revolucionario, profundamente sentimental a pesar de sus ademanes parcos y duros. Para este nuevo mexicano es necesario inventar una nueva forma de sufrimiento.

El héroe de la modernidad mexicana, para ejercer una fascinación sobre sus contemporáneos de carne y hueso, debe mostrar una dimensión trágica y dramática. De manera similar al dramatismo del hombre expulsado de su edén primitivo, el nuevo personaje ha de ser un paria de la propia sociedad que lo ha creado: su contorno urbano y sus propios compañeros en la miseria lo traicionan y lo agreden. Pero, a diferencia del campesino que siente nostalgia, el proletario es un resentido.

La metáfora del mexicano moderno como ser despechado y resentido es propuesta por Agustín Yáñez, y crea un gran eco, pues describe en forma dramática un hecho real: la sociedad industrial capitalista rechaza la violenta emotividad con que el mexicano revolucionario irrumpe en la modernidad. Los hombres que hacen la Revolución no están hechos para resistir las nuevas formas de vida cotidiana que el desarrollo capitalista expande por el país. Esta realidad se mezcla y se entreteje con el mito: el mexicano se siente traicionado por el mundo que le rodea, y esta tensión estalla y se revela ante todo en las relaciones amorosas y en los vínculos de amistad. El héroe de la modernidad comienza a desconfiar de todo y de todos, y su ser ofendido inspira la gran cantidad de canciones populares que recogen los lamentos del ardido:

> Cuando estés en los brazos de otro hombre
> y te creas la más consentida,
> espero en Dios que te maten dormida
> por infame y traidora a mi amor.

Por esta línea la nueva mitología propone a los mexicanos una justificación de sus actos "irracionales" y una aparente liberación de las tensiones en que vive. Además, les procura un cierto gusto, pues hay una admiración socialmente aceptada por quien sufre a causa de sus sentimientos, como señala Reyes Nevares al tocar el tema.[3] Este autor también destaca cómo el predominio de las pasiones libera los instintos políticos del dominio de la razón humana, de manera que las más turbias alianzas o los actos más vengativos son legitimados por el fuego interno que supuestamente arde dentro de cada mexicano.

Sin embargo, el resentimiento es la mejor forma que ha encontrado la cultura dominante para disimular la desnudez del mexicano moderno. Ese rescoldo de dolor y agravios que hay en su carácter es una protección contra lo que Baudelaire llama *la fange du macadam,* el lodo de la civilización industrial, el fango del asfalto y el cemento. La imagen y el mensaje no dejan lugar a dudas: el mexicano en su miserable desnudez sólo puede defenderse del frío utilitarismo de la explotación burguesa si logra encender su espíritu con el rencor: ha sido traicionado por el mundo, por la sociedad, por su mujer, por sus amigos, por sus hijos. . . Está obligado a quemar lentamente su alma en el rescoldo de un sinfín de agravios, ofensas, escozores y amarguras. Sólo este ardor interno podrá entibiar su cuerpo desnudo.

El mexicano de la modernidad revolucionaria, el mestizo, vive inscrito en un círculo que define su patriotismo pero que también lo aprisiona: de la violencia a la emotividad, de las emociones al resentimiento; y, por despecho, de nuevo a la violencia. Es un movimiento circular permanente que —como en la ruleta— no se sabe dónde va a detenerse. La suerte de repente lo premiará con un amor apasionado, para después convertirlo en un ser despechado y dolido; mañana tal vez amanezca con un puñal entre las costillas. Por ello se afirma tan insistentemente que el mexicano vive una situación de zozobra y accidentalidad, y que es esa la circunstancia que lo define. La ética nacionalista, inspirada en la creencia de que el mexicano es un ser acostumbrado a una existencia incidental, ve en ello un factor positivo: "a fuerza de jugarse el todo por el todo —dice Leopoldo Zea—, a fuerza de afirmar lo cir-

[3] Salvador Reyes Nevares, *El amor y la amistad en el mexicano,* pp. 41-65.

cunstancial y limitado, a fuerza de una permanente afirmación de lo considerado como accidental, el espíritu mestizo ha dado lugar a un nuevo sentimiento de seguridad, superioridad y eficacia''.[4] Se cree que a fuerza de un terco juego de ensayos y errores, en el que a los jugadores no les importa el inseguro mañana, la nación va acumulando un alto espíritu de empresa, no se sabe por qué misterioso azar.

Esta idea —a todas luces contradictoria— domina no obstante en la conciencia de los políticos del régimen, aunque muchos intelectuales la rechazan como demagógica: los palos al azar de un ser agresivo, pasional y ardido difícilmente pueden romper la patriótica piñata de la abundancia. De hecho, la piñata nacionalista no existió jamás para la prole sentimental de desheredados: el saldo oficial de todas estas manipulaciones sobre el carácter del mexicano es un confuso rastro de ofensas y agravios impreso a lo largo del camino abierto hacia la modernidad por la Revolución mexicana.

[4] Leopoldo Zea, *El occidente y la conciencia de México*, p. 77.

El axolote afeaba el hermoso paisaje de la evolución y del progreso.

Dibujo que ilustra el artículo de A. Dumeril, publicado en 1867, donde anuncia su descubrimiento de que el axolote es la larva de una salamandra.

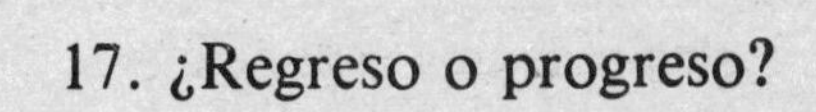

17. ¿Regreso o progreso?

El ajolote es un batracio delicado, enfermizo, torpe y lento en todo, vulgar en todo.

Alfonso L. Herrera, "El ajolote"

El hecho de que el axolote persistiese en su existencia acuática, sin metamorfosearse para salir a tierra en forma de salamandra, fue uno de los grandes problemas a los que se enfrentaron los evolucionistas del siglo XIX. Pero a José María Velasco no le gustaban las teorías evolucionistas, y aprovechó su conocimiento del axolote para intervenir en una de las más importantes polémicas que ha habido en las ciencias naturales.[1] En un ensayo publicado en *La Naturaleza* en 1880 Velasco criticó con fuerza la idea de

[1] Véase el interesante libro de Stephen Jay Gould, *Ontogeny and Philogeny*.

August Weismann según la cual el anfibio mexicano era el ejemplo de un proceso de cambio de una a otra especie; es decir, la transición de una especie que se metamorfoseaba a otra que no lo hacía y de una especie sin branquias (la salamandra) a otra con branquias permanentes (el axolote). El argumento de Velasco se limitó a afirmar que la propia constitución natural provocaba la metamorfosis y que no estaba de acuerdo con la "exagerada" teoría darwinista sobre la evolución de las especies. De hecho Velasco se confundió, pues creyó equivocadamente que el argumento evolucionista sostenía que la metamorfosis misma era un cambio de especie.[2]

El gran biólogo mexicano Alfonso Herrera también intervino en la polémica, para criticar las tesis de Weismann y para reafirmar la idea de Velasco sobre las tendencias orgánicas del axolote hacia la metamorfosis, independientemente de las influencias ambientales. Pero Herrera estableció que un mejoramiento de la nutrición del axolote era la causa de la meta-

[2] J.M. Velasco, "Anotaciones y observaciones al trabajo del señor Augusto Weismann, sobre la transformación del ajolote mexicano en Amblistoma".

morfosis. En esencia, para Herrera la ausencia de metamorfosis es el resultado de diversas condiciones ambientales (baja temperatura, falta de alimentación, etcétera), pero rechaza la tesis de que son cambios del *habitat* los que provocan la metamorfosis ("No creo en la formación rápida de especies por influencia *misteriosa*, exclusiva y directa del medio"). Para Herrera la metamorfosis como *tendencia* era un hecho: pero era *causada* por la nutrición.[3]

En realidad Weismann, partidario de las teorías recapitulacionistas de Haeckel sobre el proceso evolutivo progresivo, creía que la vida de cada individuo (ontogénesis) era un reflejo —una recapitulación— de la evolución global de la especie (filogénesis). La ontogénesis comprendía la vida individual desde la concepción hasta la muerte, de manera que incluía el periodo embriónico prenatal en los mamíferos y, desde luego, las fases larvales de los anfibios. Los recapitulacionistas creían que en el desarrollo embrionario o juvenil se repetían las etapas ancestrales de los caracteres

[3] Alfonso L. Herrera, "El ajolote. . .".

adultos. Pero el axolote constituía un problema incómodo para ellos; Haeckel aceptó que era un "caso extremadamente curioso", pero declaró que era un caso de persistencia de un tipo ancestral. Sin embargo, era evidente que el axolote constituía una excepción a la recapitulación, puesto que se trataba de un desarrollo truncado, de una reversión filética o de un estado ancestral previo. La ley biogenética de los recapitulacionistas requería que la filogenia procediese *agregando* progresivamente etapas, pero el axolote implicaba un caso de *sustracción* de etapas. Los recapitulacionistas discutieron mucho sobre el axolote; no lograban ponerse de acuerdo en si era un caso de atavismo, un simple progreso truncado o una verdadera regresión. Pero casi todos acudían a la explicación de Weismann, de acuerdo a la cual el axolote había revertido a una etapa anterior de branquias permanentes: no era un fenómeno nuevo, sino un retroceso a una etapa filética anterior.[4]

Los recapitulacionistas vieron en la vida de cada individuo un reflejo de la evolu-

[4] A. Weismann, "Ueber die Umwandlung des mexicanischen Axolotl in ein Amblystoma".

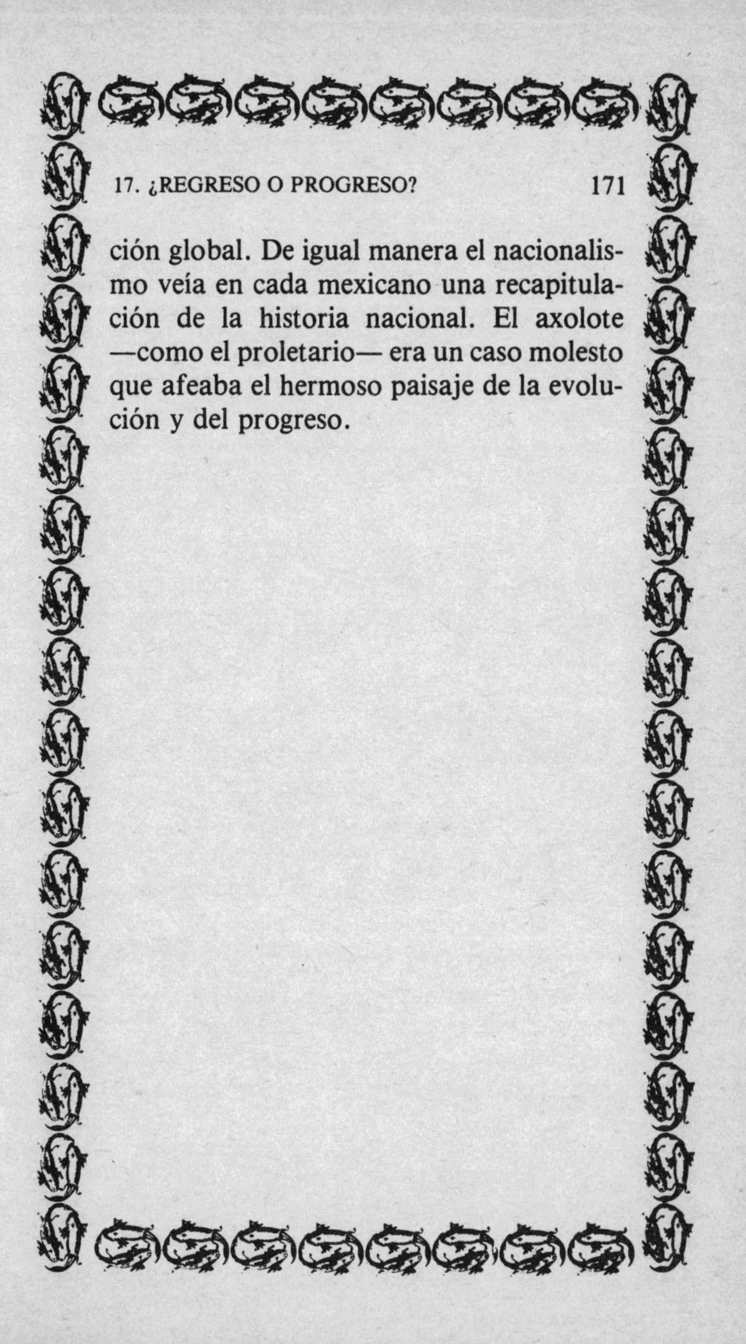

ción global. De igual manera el nacionalismo veía en cada mexicano una recapitulación de la historia nacional. El axolote —como el proletario— era un caso molesto que afeaba el hermoso paisaje de la evolución y del progreso.

18. ¿Tiene sentido ser mexicano?

El ánimo mueve a decir las formas
mudadas a nuevos cuerpos.

Ovidio, *Metamorfosis*

Las deplorables condiciones en que nació y se desarrolló la clase obrera han inspirado desde hace mucho tiempo en la burguesía, que teme reconocer en los proletarios a sus propias criaturas, un sentimiento de horror y repulsión. Aunque nadie puede negar que son el resultado necesario e inevitable de la industrialización, no dejan de ser vistos por la clase dominante como "un chancro enquistado en los flancos de la sociedad moderna", según la expresión de Albert Dandoy en un significativo libro sobre la clase obrera francesa publicado poco después de terminada la Segunda Guerra Mundial; el libro es pésimo, pero recoge la vieja tradición burguesa que se horroriza ante un proletariado cuya mentalidad está teñida por el resentimiento, la desconfianza, la inmoralidad, el mimetismo y los complejos de inferioridad y desposesión.[1] Son, como se ve, los mismos rasgos atribuidos al mexicano por Samuel Ramos y su escuela. El nuevo paisaje urbano llena de terror a estos observadores del alma mexicana. Para ellos el mexicano es un ser sin sentido, que lo niega todo sin razón alguna, que carece de principios, que desconfía de todos y que desprecia las ide-

[1] Albert Dandoy, *Le prolétariat et ses problémes.* Consúltese los antecedentes a esta actitud en el revelador estudio de Louis Chevalier, *Laboring Classes and Dangerous Classes in Paris During the First Half of the Nineteenth Century*, donde se analizan las tendencias a ver a los miserables de las ciudades como seres salvajes desprovistos de humanidad, como bestias grotescas y peligrosas. (pp. 362 y ss.).

as. Ramos se pregunta angustiado: "Pero entonces, ¿por qué vive el mexicano?" Puede vivir porque lleva una existencia irreflexiva y sin futuro, de manera que la sociedad mexicana no es más que "un caos en el que los individuos gravitan al azar como átomos dispersos".[2] Esta es una metáfora que se aplica perfectamente al típico funcionamiento de la sociedad capitalista moderna.

El mismo Engels trata, desde 1844, de comprender y describir la terrible "cultura de la pobreza", como es llamada hoy en día. En su clásico estudio sobre la situación de la clase obrera, Engels muestra que las tendencias típicamente proletarias a la impulsividad, a la imprevisión y —desde luego— al abuso del alcohol y del sexo son el contrapeso necesario para sobrellevar las privaciones, la inestabilidad y la degradación características de su vida cotidiana.[3] Hoy en día, la peculiar subcultura proletaria del siglo XIX en gran medida ha dejado de existir en los países capitalistas más desarrollados; pero ha surgido en la periferia atrasada, donde los dolores de una revolución industrial diferida se agudizan por las secuelas de la opresión colonial e imperialista. No es de extrañarse que allí surjan estereotipos culturales hasta cierto punto similares a los que usó la burguesía europea para ilustrar su idea del proletariado.

Lo peculiar de la situación mexicana es que se produce una curiosa disociación del prototipo proletario, con el objeto de fomentar el desarrollo de una identidad nacional. Después de la Revolución, a los nacionalistas mexicanos —huérfanos de tradiciones burguesas autóctonas— sólo les quedan el campesinado y el proletariado como fuentes de inspiración: es necesaria una operación de disección ideológica para extraer algunos rasgos de la cultura popular y elevarlos a la categoría de ideología nacional, mientras se desechan otros aspectos considerados irrelevantes. No es simplemente una operación maniquea que desecha los elementos considerados dañinos, como hizo el positivismo porfirista.[4] Es el surgimiento de una imagen

[2] S. Ramos, *El perfil del hombre y la cultura en México*, p. 59.
[3] *Cf.* el excelente estudio de Steven Marcus, *Engels, Manchester and the Working Class*.
[4] Como se puede constatar en Justo Sierra o en Julio Guerrero.

compleja y contradictoria del mexicano, en gran medida forjada como un reflejo de la condición del proletariado urbano. Ya he mencionado al prototipo de mexicano como ser sentimental y violento, pasional y agresivo, resentido y rencoroso. Es necesario ahora reconocer otro aspecto esencial: el mexicano aparece además como un hombre que huye, que se fuga de la dolorosa realidad que le rodea. Esta evasión es descrita y valorada de muchas y diversas maneras, desde la pereza y abulia que llevan a evitar el trabajo hasta la creación de complejos mecanismos de elusión y disimulo. Para muchos es una huida sin sentido, que contribuye al caos de la sociedad industrial. El resultado de esta escabullida es la creación de una imagen que tiene una larga historia en la literatura picaresca. Sin embargo, el *pelado* mexicano no es sólo una variante del tipo creado por la picaresca española; Agustín Yáñez ha señalado que el *pelado* carece de la agudeza del pícaro, que es esencialmente discursiva y "adquirida a fuerza de aventuras, ejemplos y observaciones prácticas".[5] El *pelado*, desecho de la industrialización urbana moderna, a diferencia de los antiguos alfaraches, lazarillos, buscones y periquillos, es un ser para quien el lenguaje no es un medio de comunicación sino una barrera de elusiones para defenderse y poder escabullirse. Por esta razón uno de los mejores descendientes de los viejos pícaros es un héroe del cine mudo y no de la novela: Chaplin, quien con su desamparada candidez y su tierna astucia logra despertar oleadas de simpatía por los miserables del siglo XX. El elusivo lenguaje de los gestos, con toda suerte de movimientos de cejas y bigote, es la mejor barrera contra la agresiva realidad. El equivalente mexicano de Charlot es Cantinflas, una de cuyas características más importantes es precisamente un lenguaje elusivo que logra escurrirse de cualquier compromiso. Uno de los observadores del carácter mexicano, César Garizurieta, afirma que Cantinflas es el mejor representante del tipo psicológico mexicano.[6] A diferencia de Chaplin, cuyo vestido de etiqueta

[5] A. Yáñez, "Estudio preliminar", p. XXIV.
[6] C. Garizurieta, "Catarsis del mexicano", p. 169.

revela una utópica voluntad de cambio, en Cantinflas no hay ninguna aspiración a superarse y "no quiere un mundo mejor ni como sueño; desea vivir como está".[7] El mexicano de la modernidad quedó reducido a una caricatura de hombre. La energía, la agresividad y la fuerza vital —que habían sido exaltadas con vehemencia por varios ilustradores de la Revolución mexicana como características del hombre nuevo— se esfuman frente al prototipo de Cantinflas. Este frustrado Prometeo mexicano no sólo no trae consigo el don del fuego, sino tampoco el don de la palabra.

> Cantinflas —dice Garizurieta—, en defensa de su persona, se expresa en un lenguaje artificioso, no alambicado, resultado de los aspectos de su incapacidad. Ante su abultado sentimiento de inferioridad, sabe que lo mismo se compromete negando que afirmando; entonces ni niega ni afirma: oscila entre la afirmación o la negación. Sin proponérselo, al hablar provoca indistintamente la risa o las lágrimas, porque no existen fronteras que le delimiten lo trágico de lo cómico.[8]

Sin duda la gran popularidad de Cantinflas se debe a que, con sus burlas, hace también una crítica de la injusticia social; por ejemplo, cuando le preguntan si el trabajo es cosa buena, contesta: "Si fuera bueno, ya lo hubieran acaparado los ricos." Pero es una crítica conformista que propone la huida y no la lucha, el escurrimiento y no la pelea. El mexicano se convierte en un maestro de las fintas y los albures. Se vuelve un ser torcido, alambicado, evasivo e indirecto, dominado por "el afán de circunloquio" gracias a un lenguaje a tal punto pródigo en rodeos, elusiones, despilfarros y retorcimientos que parece hecho a la medida para el arte de la finta: "apuntar a un extremo para acudir al otro, y más tarde invertir el objetivo".[9] Es muy dudoso que el estereotipo cantinflesco pueda aplicarse a muchos mexicanos: en cambio, es evidente

[7] Ibídem, p. 171.
[8] *Op. cit.*, p. 172.
[9] S. Reyes Nevares, *El amor y la amistad en el mexicano*, pp. 2-3, 28.

que podría ser útil para definir el estilo político de los burócratas del gobierno. Incluso es una metáfora excelente para describir la peculiar estructura de mediación que legitima la dictadura unipartidista y el despotismo gubernamental: esta estructura es un laberinto de contradicciones, albures y fintas que permite que las más radicales demandas populares sean admitidas: inevitablemente se perderán en el dédalo de corredores, antesalas y oficinas, de manera que se disipará su sentido original. En este aspecto, más que en otros, es fácil comprobar que la definición del carácter nacional obedece más que nada a razones políticas, y se puede comprender mejor si buscamos su raíz, no en la población, sino en las clases hegemónicas. Véase la siguiente definición:

> Hombre provisional, en el mexicano la inminencia es la determinante característica y los sucesos cotidianos que no están suspensos sobre el filo de ella le dejan sin cuidado: perder el empleo o el amor; tener dinero o no tenerlo; cumplir un compromiso o no, todo le importa madre.[10]

He aquí el perfil del *importamadrismo,* cuyos antecedentes como metáfora habría que ir a buscarlos tan lejos como en el libro del costumbrista español Francisco Santos, titulado *El no importa de España* (escrito en 1668): allí se hace referencia a la abulia española que justificaba todo lo que salía mal con un seco "no importa"; Menéndez Pidal cuenta de un conde alemán que hacia 1599 se exaspera ante los calmosos ministros de Felipe II motejados como los "ministros de la eternidad", y sufre por el famoso "vuelva usted mañana" tan bien descrito por Larra en 1833.[11]

Estamos frente a un fenómeno complicado: en algunos momentos históricos las clases dirigentes se apropian de lo que creen que es la cultura popular, y desarrollan un curioso mimetismo. De esa forma la cultura nacional bebe de las fuentes de la cultura popular. Pero no es un proceso lineal;

[10] J. Carrión, *Mito y magia del mexicano,* p. 55.
[11] R. Menéndez Pidal, *Los españoles en la historia,* p. 86.

los ingredientes populares de la cultura nacional son meros fragmentos —con frecuencia muy distorsionados— de lo que es en realidad la vida cotidiana de la clase social de donde son tomados. Podemos reconocer el origen proletario —y aun lumpenproletario— de las fintas, las elusiones, los albures y la desidia que se dice contribuyen a formar el carácter del mexicano; incluso podemos observar un comportamiento cantinflesco en muchos políticos. Pero es preciso destacar el hecho de que hay un abismo entre la vida real de un *pelado* de Tepito y el modelo que el cine, la televisión, la literatura o la filosofía le proponen a la sociedad como punto de referencia. La situación aumenta de complejidad debido a que los medios masivos de comunicación reciclan los estereotipos populares fabricados por la cultura hegemónica; de manera que, a su vez, ejercen una influencia en el modo de vida de las clases populares. Si esto último no ocurriese, la cultura nacional no tendría ninguna función legitimadora del sistema dominante. Esta función legitimadora le imprime un dinamismo al poder, de manera que nos encontramos con la gestación constante de nuevas formas culturales. El mismo estereotipo, que al principio puede tener un carácter marcadamente antihegemónico, se transforma hasta alcanzar facetas casi irreconocibles: así, los obreros de los murales revolucionarios se transforman en jeroglíficos existencialistas sobre la zozobra, y los cómicos de los populares teatros de carpa son continuados por los tartamudeos de Cantinflas. Al final, para las clases hegemónicas, los potencialmente peligrosos y revolucionarios *pelados* y proletarios, terminan siendo unos personajes grotescos que sólo saben farfullar y, en el mejor de los casos, expresar sus emociones cantando.

Los dialectos que surgen en los barrios populares son originalmente formas de defensa; se trata de un lenguaje que no sólo permite que los miembros de un grupo social se identifiquen con un modo de vida propio, sino también es una barrera que impide que otros entiendan sus conversaciones. Como es comprensible, los dialectos populares están muy influidos por el habla del hampa y de los presos, que desarrollan formas crípticas de comunicación para evitar ser comprendidos. Se trata de lenguajes *sin sentido* para los que no pertenecen al grupo social que los genera, pues para eso precisamente se desarrollan: tienen sentido sólo *acá* —en el barrio popular— y no *allá* —en la sociedad refinada y aburguesada. De esta necesidad de identificarse y diferenciarse proviene el llamado *arte-acá* de Tepito, un barrio pobre en el que han surgido formas de defensa popular de la cultura local. Pero en el momento en que la jerga popular es sacada de su medio natural, pierde sentido y ocurre el fenómeno que he señalado: el *sin sentido* se convierte en el *nuevo sentido* del habla popular. La nueva función de la jerga es entonces confundir los significados y mostrar sólo los aspectos defensivos y huidizos del lenguaje popular. Por ello el habla cantinflesca vacía de sentido al lenguaje y lo convierte en una forma de evitar cualquier compromiso; en contraste, la jerga popular que Cantinflas toma como punto de partida es una forma profundamente comprometida (es decir, coherente consigo misma y con el mundo que la rodea). De esta manera el estereotipo del mexicano adopta elementos de origen popular: pero al cambiar de terreno, como las palabras de la jerga de barrio cuando salen por la boca de Cantinflas, adquieren otro significado.[12]

El mito del *pelado* en su versión cantinflesca es particularmente interesante, pues revela con claridad la relación que la cultura política establece entre el gobierno y el pueblo. Cantinflas no sólo es el estereotipo del mexicano pobre de las ciudades: es un simulacro lastimero del vínculo profundo y estructural que debe existir entre el despotismo del Estado y la corrupción del pueblo. El mensaje de Cantinflas es transparente: la miseria es un estado permanente de primitivismo estúpido que es necesario reivindicar en forma hilarante: se expresa principalmente por su típica corrupción del habla, por una verdadera implosión de los sentidos: es el delirio de la

[12] La manipulación del habla de Tepito es muy evidente en la televisión y en el cine. Pero también puede verse un ejemplo de uso "culto" del lenguaje tepiteño en el "Ensayo para balconear al mexicano desde un punto de vista muy acá" de Raúl Béjar, en *El mexicano. Aspectos culturales y psicosociales*, pp. 201-237. Allí puede comprobarse cómo el *acá* es usado por el *allá*, de manera que dejamos de saber si estamos allá o acá, pues los sentidos han sido trastocados: estamos tanto acá como allá, pues el acá está allá y el allá está acá.

metamorfosis en donde todo cambia sin sentido aparente alguno. Se comprende que entre la corrupción del pueblo y la corrupción del gobierno hay una correspondencia: este pueblo tiene el gobierno que merece. O al revés: el gobierno autoritario y corrupto tiene el pueblo que le acomoda, el que el nacionalismo cantinflesco le ofrece como sujeto de la dominación.

Un tema frecuente en las películas de Cantinflas es el de la confusión de papeles: el torero es un ladronzuelo (en *Ni sangre ni arena*), el policía es un *pelado* (en *El gendarme desconocido*) o el juez y los abogados terminan hablando como Cantinflas (en *Ahí está el detalle*). La corrupción intrínseca del *pelado* se encuentra presente en todo el sistema político; ya que el régimen de la Revolución es popular, debe comportarse en concordancia con el carácter del mexicano (de acuerdo con la "idiosincrasia nacional", como gustan llamar los políticos a esta corrupción del carácter). La moralina y la cursilería con que suelen ser presentadas las hazañas de Cantinflas no logran borrar el hecho fundamental: son un simulacro del *pelado* convertido en policía, del pueblo hecho gobierno, del sin sentido entronizado como discurso político.[13]

El verbalismo confuso de Cantinflas no es una crítica de la demagogia de los políticos: es su legitimación. Con gestos y mímica —paralelos al sin sentido del derrame de palabras— se insinúa que hay otra interpretación, que hay algo oculto; esa otra realidad invocada por el cabeceo y los movimientos de cejas y de cadera es un mundo de ventajas ilegales, de sexualidad sin erotismo, de poder sin representatividad, de riqueza sin trabajo. Hay en los albures y en las fintas una sutil invitación al soborno: las reglas del juego se fundan en una venalidad populachera que permite al mexicano evadir a la policía, estafar a los imbéciles, escapar de la homosexualidad, conseguir coitos fáciles con mujeres ajenas mientras evita que

[13] Aunque a veces pareciera haber una cierta burla de la autoridad y de la policía, en las películas de Cantinflas el resultado suele ser una simbiosis entre el pueblo y sus represores, que se hermanan en el sin sentido. Sin duda las policías de Guatemala y de Colombia reconocieron este hecho cuando lo nombraron miembro honorario de sus corporaciones. Tal vez un impulso similar es el que llevó a la Universidad de Michigan a otorgarle un doctorado *honoris causa* a Su Excelencia el Pelado.

la propia le ponga cuernos. El *pelado* vive en un mundo que, para funcionar, necesita ser aceitado permanentemente: así se construye una sociedad resbalosa donde todo pierde sentido a cada instante y donde la civilidad es escurridiza y lúbrica. Cuando las cosas se estancan, es necesario untarlas con lo que en Europa llaman el "ungüento de México": el cohecho. Cuando surge un problema o un obstáculo, para escabullirlo es necesario deslizar en las manos apropiadas el unto que mantendrá en marcha la permanente metamorfosis delirante de los sentidos.

El estereotipo del *pelado* que vive sumergido en un mundo corrupto debe, no obstante, conmovernos y tocarnos las tiernas fibras del corazón. Debemos entrever la presencia, en el *pelado,* de un espíritu atravesado por emociones, impulsos, quebrantos y excitaciones. Así, cuando este espíritu es interrogado sobre el sentido del ser del mexicano, la respuesta es evidente: el mexicano no tiene sentido. . . pero tiene sentimientos.

El subdesarrollo de una salamandra.

Grabado de la salamandra-tigre, en la que el axolote podría metamorfosearse, según el ensayo de Dumeril de 1867.

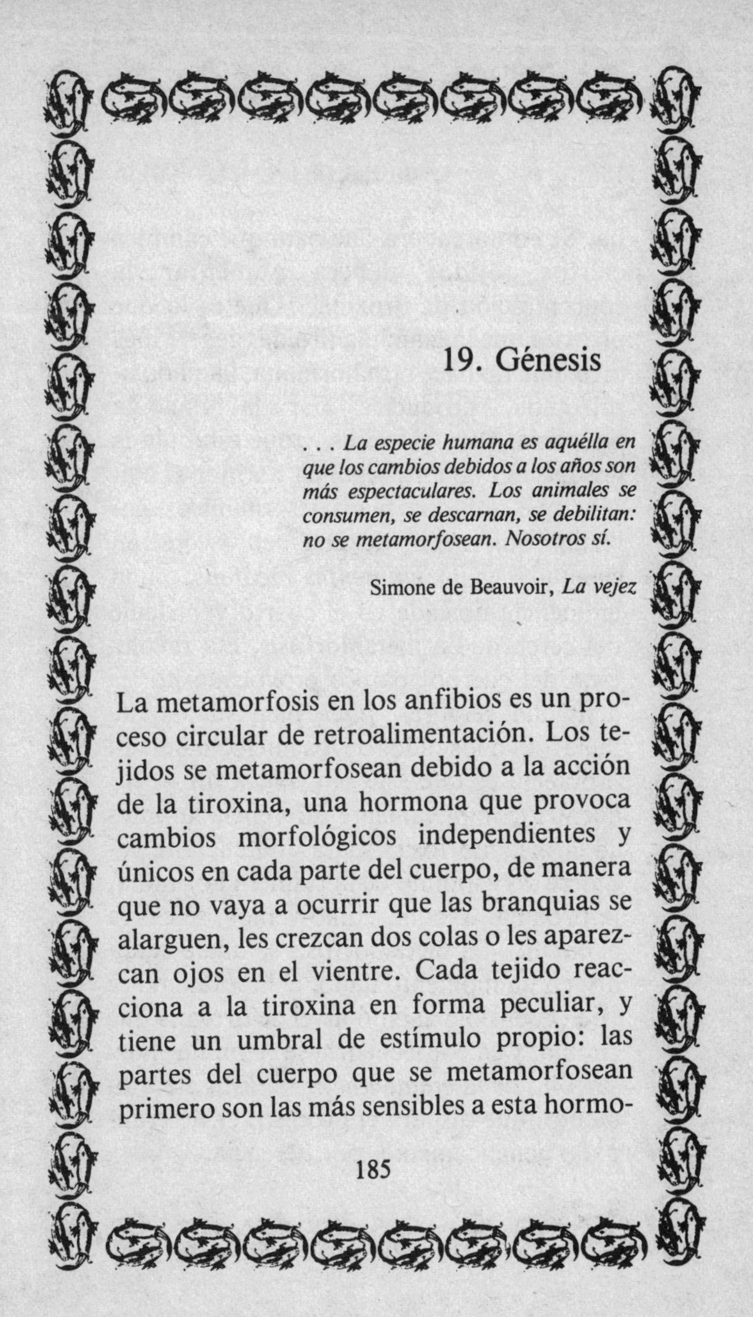

19. Génesis

. . . La especie humana es aquélla en que los cambios debidos a los años son más espectaculares. Los animales se consumen, se descarnan, se debilitan: no se metamorfosean. Nosotros sí.

Simone de Beauvoir, *La vejez*

La metamorfosis en los anfibios es un proceso circular de retroalimentación. Los tejidos se metamorfosean debido a la acción de la tiroxina, una hormona que provoca cambios morfológicos independientes y únicos en cada parte del cuerpo, de manera que no vaya a ocurrir que las branquias se alarguen, les crezcan dos colas o les aparezcan ojos en el vientre. Cada tejido reacciona a la tiroxina en forma peculiar, y tiene un umbral de estímulo propio: las partes del cuerpo que se metamorfosean primero son las más sensibles a esta hormona. Se comprenderá que para que cambien ciertos tejidos deberá aumentar la concentración de tiroxina. ¿Qué es lo que provoca que la glándula tiroides genere más tiroxina? Lo hace otra hormona, llamada tirotropina, producida por la glándula pituitaria. Pero entonces, ¿qué estimula la producción de esta segunda hormona? Parece que son los mensajes químicos enviados por medio de una neurosecreción generada en la *eminentia medialis,* una eminencia ubicada en el cuarto ventrículo del cerebro. La metamorfosis, esa revolución del cuerpo, parece provocada por la actividad cerebral. ¡Qué bien suena esta metáfora a los oídos de los intelectuales! El problema es que esta eminencia no se encuentra completamente diferenciada antes de la metamorfosis: ¡para diferenciarse requiere del estímulo de la primera hormona, la tiroxina! Y aquí, como vemos, se cierra el círculo. La metamorfosis se inicia cuando, en un momento dado, el hipotálamo se vuelve sensible al bajo nivel de tiroxina que circula, y en consecuencia se estimula el desarrollo de la *eminentia medialis*. Este momento, que dispara el proceso, es determinado genéticamente, por herencia.

Nuestro axolote de Xochimilco es un animal en el que ese momento esencial no ocurre: no se dispara el proceso hormonal, aunque se ha comprobado que sus tejidos son sensibles a la tiroxina (si se les inyecta, se metamorfosean en salamandras). Al no haber información genética que determine el inicio de la cadena de mensajes, se evita la metamorfosis. En algunas especies de axolote la neotenia sólo ocurre ocasionalmente y en otras no ocurre nunca.[1] Ello parece indicar que el potencial neoténico es controlado genéticamente, en interacción con factores ambientales. En la mayor parte de los anfibios la selección natural favorece a la metamorfosis sobre la neotenia. Pero hay unos pocos casos de salamandras en que, por el contrario, la selección natural favorece a la neotenia, pues la fase larval se encuentra mejor adaptada a su medio ambiente que el adulto transformado.

El hombre parece haber evolucionado a partir de la adaptación de un simio neoténico a su medio ambiente, en un proceso paralelo al que observamos en el axolote. El hombre se caracteriza por el enorme retar-

[1] *Cf.* los estudios de Blount, Huxley e Ingram citados en la bibliografía.

do en su desarrollo somático: emplea casi un tercio de su vida en crecer. Y sufre una especie de metamorfosis sólo al acercarse la senilidad, como señala Simone de Beauvoir, cuando siente el vértigo agónico de acercarse no al final sino al principio: a la especie que dio origen al hombre. La metamorfosis, para el hombre, puede ser un retorno a su condición animal, como muy bien supo Gregorio Samsa cuando la imaginación de Kafka lo transformó.

Stephen Jay Gould comprueba que las diferencias en la estructura genética entre simios y hombres son asombrosamente escasas. La diferencia significativa se encuentra en el control de la duración de los cambios en el desarrollo: en el hombre los mecanismos genéticos que regulan el crecimiento determinan un retraso general del desarrollo, en comparación a otras especies.[2] Este cambio en la regulación, que alarga la infancia y le imprime permanentemente al hombre características morfológicas infantiles, parece ser el responsable principal de la existencia del *homo sapiens*. De aquí se desprende la paradoja: el retraso es la base biológica

[2] S. J. Gould. *Ontogeny and Philogeny*, p. 352 y ss.

de la vida social. Ya Locke había señalado, en su segundo tratado de gobierno de 1689, que debíamos admirar la sabiduría del Creador, quien al retardar la maduración de los hijos obliga a que la relación entre hombre y esposa dure mucho más que en otras criaturas, de manera que su destreza es estimulada para producir bienes de uso común. Desde otra perspectiva Herder observó lo mismo: "Para destruir el salvajismo del hombre y habituarlo a las relaciones domésticas, fue necesario que la infancia en nuestra especie continuase durante algunos años."[3] Igualmente, el subdesarrollo de una salamandra es en realidad el nacimiento de una nueva especie de anfibios: los axolotes, permanentemente jóvenes y dedicados a una rebelión muda que embrolla los significados y los sentidos.

[3] Cit. por S.J. Gould, *op. cit.*, p. 403 y Arthur O. Lovejoy, *The Great Chain of Being*, p. 215.

20. Una pequeña revolución privada

No fue
Una superación
Ni siquiera
Un desgarramiento
Simplemente
Me dijo
Que me fuera
Mucho
Pero muchísimo.

Efraín Huerta, "Lo sentí"

La concepción dualista de México es una verdadera obsesión que comparten muchos escritores, políticos y antropólogos. Hay dos Méxicos: uno es rural y bárbaro, indígena y atrasado; el otro es moderno y urbano, industrial y mestizo. Esta obsesión —que tanto ha opacado la multifacética realidad— se refleja en la construcción del estereotipo del mexicano como una dualidad que va del Adán agachado al *pelado* moderno, del edén subvertido a la ciudad de la revolución.[1] Esta dualidad, por supuesto, no siempre se expresa en términos tan claramente alineados en el *continuum* espacio-temporal del progreso y de la historia. Aparece también, como se verá, en la polaridad Malinche/Guadalupe. En la literatura mexicana moderna la dualidad se expresa en formas muy complejas y sutiles; aunque no es posible reducir las expresiones estéticas a esta única polaridad, es evidente que el modelo dual está

[1] Un interesante análisis de los ingredientes rurales de la narrativa mexicana puede encontrarse en el libro de Harry L. Rosser, *Conflict and Transition in Rural Mexico: the Fiction of Social Realism.*

siempre presente en la narrativa mexicana posrevolucionaria. Esta dualidad cumple una función determinante en la anatomía de la cultura política moderna: ella es parte indisoluble del metadiscurso legitimador del Estado mexicano. La dualidad preside la constitución y organización del alma nacional.

Moisés Sáenz decretó en 1929, año en que se inicia la institucionalización de la Revolución:

> México tiene derecho a su propia fisonomía. . . Una vigorosa cultura propia, un alma nacional bien perfilada, será lo único que pueda salvarnos de los imperialismos de todo orden, y, a la vez, significará la más valiosa aportación que pudiéramos hacer al adelanto de la humanidad.[2]

Así se anuncia la institucionalización del alma nacional, con una formulación política: como un *derecho* del pueblo ante las potencias extranjeras.

De esta manera, entre el indio agachado y el *pelado* mestizo se tiende un puente o una línea que pasa por los principales puntos de articulación del alma mexicana: *melancolía-desidia-fatalidad-inferioridad/violencia-sentimentalismo-resentimiento-evasión.* Esta línea marca el periplo que debe recorrer el mexicano para encontrarse a sí mismo, desde el edén rural originario hasta el apocalipsis urbano. Hay muchas formas de recorrer este camino: de campesino a proletario, de hacendado a industrial, de cacique a funcionario, de soldadera a prostituta, de revolucionario a burócrata. Pero los primeros pasos han sido marcados por el signo de la muerte, de una muerte vivida y sufrida a cada momento en una forma supuestamente única por ser exclusivamente mexicana. La muerte mexicana se inscribe perfectamente en el arquetipo de la melancolía, de manera que puede alentar tanto las especulaciones filosóficas de los existencialistas mexicanos, las angustias de los poetas, los procesos descritos por los novelistas, los análisis de los sociólogos o los llamados patrióticos de los políticos. Esta dolorosa existencia semi-campesina de los expulsados del paraíso es una inagotable fuente de inspira-

[2] Moisés Sáenz. *México íntegro,* p. 263.

ción: la idea de que un mundo completo está a punto de desaparecer es contrapunteada por la imagen de una muerte larga, lenta, interminable. La dimensión melancólica del mexicano es similar a la que expresa Keats en su famosa oda: la melancolía es un sucedáneo de la muerte —como han señalado los críticos— pero no alcanza su perfección; la melancolía surge como una muerte incompleta e inferior, pero tiene la ventaja de que es posible gozar de su presencia y jugar con ella, como hace Alfonso Reyes:

> Eras alivio y te llamé cadena,
> eras la muerte y te llamé la vida.

La melancolía, como he señalado, entronca con una importante tradición occidental, que a México llega por vía de España.[3] Se ha dicho, con razón, que la reflexión sobre el espíritu nacional —de Martí y Rodó a Bello y Bolívar, y de Ganivet a Feijoo— es "el tema entrañable del pensamiento del orbe hispánico desde que tal lo hizo la decadencia de España".[4] José Gaos agrega que para los pensadores mexicanos el tema se teje en torno a la necesidad de independizarse de una decadencia ajena "para entrar sin obstáculos extraños por el camino de una grandeza que se promete, cuanto más nueva, tanto más segura".[5] La búsqueda de la grandeza prometida —y siempre diferida— se conecta con la exaltación patriótica de la violencia emocional constitutiva del carácter mexicano. Se conecta también —como suele suceder con los delirios de grandeza— con las expresiones más reaccionarias del Estado mexicano.[6]

[3] En Europa un antiguo refrán reza así: "Ojalá me llegue de España la muerte, puesto que así llegará tarde y con pereza." A México, al parecer, la muerte llegó de España. O, al menos, llegó la leyenda negra de un pueblo negligente, ocioso, contemplativo y perezoso, traída por los mismos españoles a quienes había sido achacada. En 1782 Diez de Gámez decía: "Los ingleses acuerdan antes de tiempo; éstos son prudentes. Los franceses nunca acuerdan fasta que están en el fecho; éstos son orgullosos e presurosos. Los castellanos nunca acuerdan fasta que la cosa es pasada; estos son ociosos e contemplativos" (*El victorial o Crónica de Pedro Niño,* cit. por Menéndez Pidal, *Los españoles en la historia,* p. 83).

[4] José Gaos, *En torno a la filosofía mexicana,* p. 117.

[5] *Op. cit., loc. cit.*

[6] No es por azar que el auge de la filosofía de lo mexicano coincide con el periodo alemanista.

La grandeza es necesario ir a buscarla al otro México, a la nueva patria industrial y burocrática que va naciendo; es preciso huir del ocio y la melancolía, del fatalismo del indio, de la torpeza rural y las veleidades populistas. En la construcción del alma mexicana, esta búsqueda de la nueva nación significa un encuentro con esos flamantes mexicanos de las urbes: los proletarios, los *pelados*. En ellos la cultura política mexicana encuentra a su chivo expiatorio: para *expulsar* los demonios que amenazan a la nación y *transferir* los pecados, se crea un ceremonial similar al que celebraban los antiguos judíos el día de la expiación. Los sacerdotes de la nueva nación confiesan sobre la cabeza del *pelado* todas las iniquidades de los mexicanos, le transfieren así los pecados de la patria y lo envían a perderse en el desierto de asfalto. Después de esta ceremonia, con la que las culpas son expiadas, es posible gozar de la grandeza del México moderno. . . Ya lo había advertido Lutero: "Cada pueblo tiene su demonio." Es necesario expulsarlo para encontrar la felicidad.

¿Pero qué queda después de arrojar —en una especie de catarsis— el fatalismo ceremoniático, la acedia rural, los sentimientos de inferioridad y el sentimentalismo plebeyo? Quedan todavía la violencia y la terrible amenaza de la revolución: es necesario exorcizarlas y transfigurarlas. Este es el punto de articulación en donde aparece otro rasgo típico del alma mexicana, destinado a confundir las huellas de su propio devenir revolucionario. La revolución pierde su significado real, lo que tiene sentido es el *relajo*. Aquí naufragan los sueños de grandeza.

El *relajo* es ese gelatinoso aflojamiento de normas que permite una insubordinación limitada, que tolera un relajamiento dosificado de las reglas de comportamiento civil. El relajo es la forma en que los *pelados* "alternan con otros ejemplares de la sociedad, colocados a un nivel más alto que el suyo", dice significativamente Reyes Nevares. Para este documentador del alma mexicana el relajo

> no es, de ninguna manera, un motín. Ni siquiera un escándalo de proporciones alarmantes. Es. . . una revolución, en tanto

> que implica un atentado contra la norma vigente. Pero *es una revolución privada*. Diseñada en tal forma que se reduzca a un mero divertimiento, a una broma más o menos pesada, que en ocasiones degenera en riña, casi siempre incruenta.[7]

El relajo es, pues, la violencia y la revolución bajo su forma dócil y domesticada. Es, ciertamente, la revolución privada: una revolución que niega a las masas.

Sin duda es Jorge Portilla quien ha escrito las mejores y más interesantes reflexiones sobre este tema en su conocido ensayo sobre la *Fenomenología del relajo*. Su interpretación revela que el relajo es el punto final del periplo: el alma nacional ha sido construida y, después, derribada; en sus cimientos estaba ya la causa de su destrucción. Portilla se percata de que "el relajo sabotea la libertad" —a diferencia del humor y la ironía—, y que el desorden que genera es "un embrollamiento de los canales de la acción".[8] Una revolución social —en tanto que expresión de un movimiento de masas— es potencialmente un movimiento hacia la libertad. Pero una "revolución privada" es, por el contrario, una amenaza a la libertad individual pues el relajo sabotea o aniquila todo valor propuesto al hombre; para decirlo con las palabras de Portilla, el relajo busca la "libertad para no elegir nada". El alma mexicana —tan trabajosamente construida desde el soplo indígena originario, tan cuidadosamente esculpida con el cincel de la melancolía y tan poderosamente templada en la emotividad del mestizaje— se desmorona: la tinta con que se dibujó su perfil contiene un poderoso veneno: un enorme potencial destructivo que se hace evidente en esa veta amarga de estoicismo que marca indeleblemente a la cultura mexicana de la primera mitad del siglo XX, y que se revela en esos soplos negativos con que ha sido insuflada el alma del mexicano: desprecio a la vida, sentimientos de inferioridad, pereza, resentimiento, evasión. . . La más desorbitada exaltación de los valores patrióticos y el más desaforado nacionalismo no han podido ocultar los veneros profundos de la autodestruc-

[7] *El amor y la amistad en el mexicano*, pp. 83-84.
[8] *Fenomenología del relajo*, p. 85.

ción y la autonegación. Jorge Portilla con gran lucidez se percató de esta situación trágica: "Pertenezco a una generación —nació en 1919— cuyos mejores representantes vivieron durante muchos años en un ambiente de la más insoportable y ruidosa irresponsabilidad. . . ".[9] Se trata, pensaba Portilla, de una generación nietzscheana entregada a una lenta autodestrucción:

> El hombre del relajo efectúa un movimiento profundamente irracional que consiste en la supresión de todo futuro regulado. . . El relajo es, así, inexorablemente, una autonegación. . . Por eso decimos que el relajiento no tiene futuro, carece de porvenir. . . por una parte es autodestrucción y, por la otra, es una temporalidad fragmentaria, un chisporroteo de presentes sin dirección y sin forma.[10]

Sin duda la noción de *relajo* tiene su origen en una actitud de autodefensa popular, que intenta desorganizar y embrollar los mecanismos de dominación y explotación. En este sentido es un fenómeno estrictamente paralelo al albur, la finta y la elusión que tiñen la jerga popular. Pero la práctica embrolladora del relajo, al ser incorporada al mito del alma nacional, se convierte en una trampa: el relajo institucionalizado también funciona como una diversión que encamina las protestas potenciales por un desvío que asegura el equilibrio y la permanencia de las relaciones de dominación.

El origen de clase de la idea y la práctica del relajo es subrayada por las reflexiones de Portilla, que explica la situación en términos de una dualidad básica: la que opone el hombre del relajo al *apretado,* esa curiosa personificación de la clase dominante, de una burguesía que quiere hacer valer su posición de clase bajo la forma de un espíritu de seriedad. Al revés del proletariado relajiento, el *apretado* pone en tensión permanente todos los músculos del cuerpo y del espíritu para lograr una apariencia de elegante seriedad propia de quien tiene poder, propiedades, altas funciones y dinero.

[9] *Op. cit.,* p. 15. Paz nace en 1914, Rulfo y Arreola en 1919.
[10] *Op. cit.,* pp. 39-41.

Es inevitable: el mito del relajo convoca a su opuesto en la moderna lucha de clases. El apretado representa los valores que son apreciados por la clase dominante: dignidad, finura, cortesía y reserva.[11] Estos mismos valores son los que contribuyen a la idea de un mexicano susceptible que vive oculto tras un velo pues se siente vigilado, observado y perseguido, como explica Rodolfo Usigli en un ensayo sobre la hipocresía y el gesticulador,[12] que sin duda nutre la idea de las máscaras mexicanas desarrollada por Octavio Paz.[13] Así, la forma proletaria de enmascararse —como defensa en un intento por enmarañar las redes que lo oprimen— se convierte, en el *apretado,* en una máscara de disimulo y de medios tonos, de finuras y cortesías, de hipocresía y de desprecio: es su manera de protegerse, a su vez, contra la cólera potencial de los desheredados. Esta situación amenaza directamente la integridad del alma nacional; por eso Portilla, que percibe el drama, concluye con cierta desesperación: "Relajientos y apretados constituyen dos polos de disolución de esta difícil tarea en que estamos todos embarcados: la constitución de una comunidad mexicana, de una auténtica comunidad y no de una comunidad escindida en propietarios y desposeídos."[14]

Esta metáfora final —el relajo— embrolla y disuelve el per-

[11] Los dos primeros capítulos del libro de Reyes Nevares, *El amor y la amistad en el mexicano,* desarrollan la idea de que la finura y la dignidad son ejes del carácter del mexicano.

[12] R. Usigli, "Epílogo sobre la hipocresía del mexicano", p. 159. Véase también su ensayo "Rostros y máscaras" publicado en 1952 en un libro oficial de loas al gobierno de Miguel Alemán, titulado *México, realización y esperanza.* En este tomo el lector podrá encontrar un "balance" hecho por la burocracia y la intelectualidad alemanistas del nacionalismo institucionalizado por el Estado. A esta obra que pretende exponer parte de "la vida de un pueblo, que, por fin, ha empezado a dominar los torrentes anárquicos de la historia" —según la presentación— contribuyen, entre muchos otros, José Campillo Sáenz, Alfonso Caso, Miguel Covarrubias, Carlos Chávez, Oswaldo Díaz Ruanova, Alvaro Gálvez y Fuentes, Gilberto Loyo, Eduardo Luquín, Hugo B. Margáin, Armando de Maria y Campos, Salvador Novo, Samuel Ramos, Jesús Reyes Heroles y José Rojas Garcidueñas.

[13] *El laberinto de la soledad,* p. 25 y ss. La idea de las máscaras flotaba en el ambiente intelectual mexicano. José Fuentes Mares da su versión en la última sección de su libro *México en la hispanidad,* publicado en 1949. En dicha sección, titulada "El hombre enmascarado" sigue las ideas de Antonio Caso y, sobre todo, de Samuel Ramos.

[14] Portilla, *op. cit.,* p. 94.

fil fisonómico del mexicano. Aunque denota una actitud revolucionaria completamente domesticada, el relajo crea una situación de *desmadre* en el alma nacional: se desborda de su lecho y se derrama confusamente. El torrente se ha salido de su cauce, pero pronto busca de nuevo el regazo original, se dirige hacia su madre perdida, se va. . . a la chingada.

Pinson dib.º Litog. de Cumplido.

El Mágico.

Convocar una historia maravillosa.

En un grabado de 1845 publicado en *El Museo Mexicano*, tomo I, p. 58, una salamandra en el suelo contempla al mago alquimista. Dibujo de Pinsón y litografía de Ignacio Cumplido.

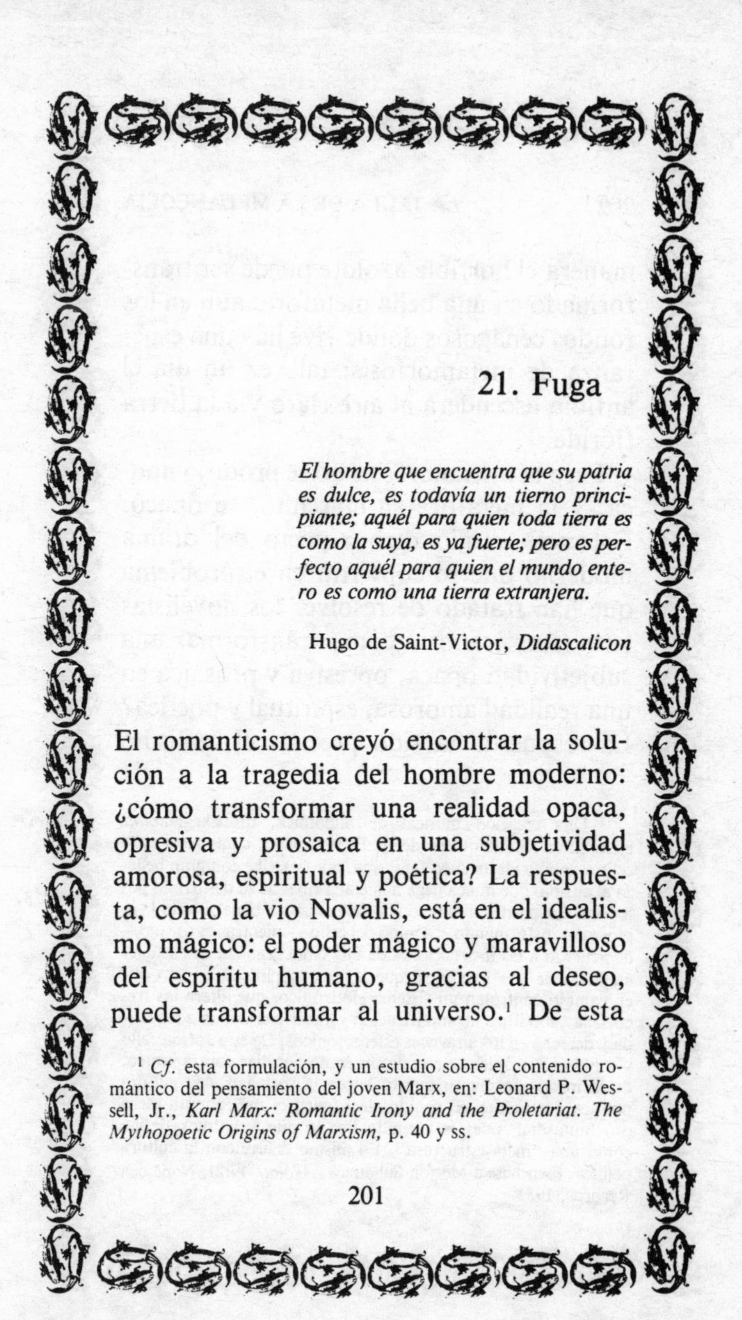

21. Fuga

El hombre que encuentra que su patria es dulce, es todavía un tierno principiante; aquél para quien toda tierra es como la suya, es ya fuerte; pero es perfecto aquél para quien el mundo entero es como una tierra extranjera.

Hugo de Saint-Victor, *Didascalicon*

El romanticismo creyó encontrar la solución a la tragedia del hombre moderno: ¿cómo transformar una realidad opaca, opresiva y prosaica en una subjetividad amorosa, espiritual y poética? La respuesta, como la vio Novalis, está en el idealismo mágico: el poder mágico y maravilloso del espíritu humano, gracias al deseo, puede transformar al universo.[1] De esta

[1] *Cf.* esta formulación, y un estudio sobre el contenido romántico del pensamiento del joven Marx, en: Leonard P. Wessell, Jr., *Karl Marx: Romantic Irony and the Proletariat. The Mythopoetic Origins of Marxism*, p. 40 y ss.

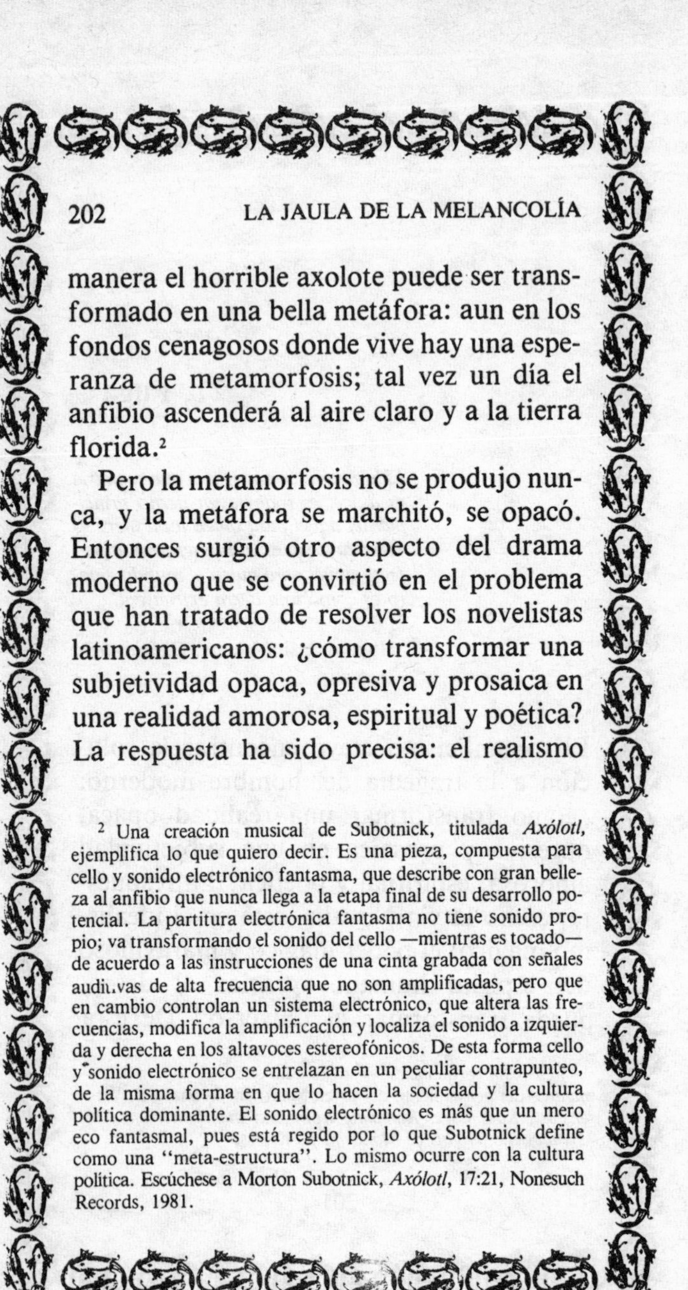

manera el horrible axolote puede ser transformado en una bella metáfora: aun en los fondos cenagosos donde vive hay una esperanza de metamorfosis; tal vez un día el anfibio ascenderá al aire claro y a la tierra florida.[2]

Pero la metamorfosis no se produjo nunca, y la metáfora se marchitó, se opacó. Entonces surgió otro aspecto del drama moderno que se convirtió en el problema que han tratado de resolver los novelistas latinoamericanos: ¿cómo transformar una subjetividad opaca, opresiva y prosaica en una realidad amorosa, espiritual y poética? La respuesta ha sido precisa: el realismo

[2] Una creación musical de Subotnick, titulada *Axólotl*, ejemplifica lo que quiero decir. Es una pieza, compuesta para cello y sonido electrónico fantasma, que describe con gran belleza al anfibio que nunca llega a la etapa final de su desarrollo potencial. La partitura electrónica fantasma no tiene sonido propio; va transformando el sonido del cello —mientras es tocado— de acuerdo a las instrucciones de una cinta grabada con señales auditivas de alta frecuencia que no son amplificadas, pero que en cambio controlan un sistema electrónico, que altera las frecuencias, modifica la amplificación y localiza el sonido a izquierda y derecha en los altavoces estereofónicos. De esta forma cello y sonido electrónico se entrelazan en un peculiar contrapunteo, de la misma forma en que lo hacen la sociedad y la cultura política dominante. El sonido electrónico es más que un mero eco fantasmal, pues está regido por lo que Subotnick define como una "meta-estructura". Lo mismo ocurre con la cultura política. Escúchese a Morton Subotnick, *Axólotl*, 17:21, Nonesuch Records, 1981.

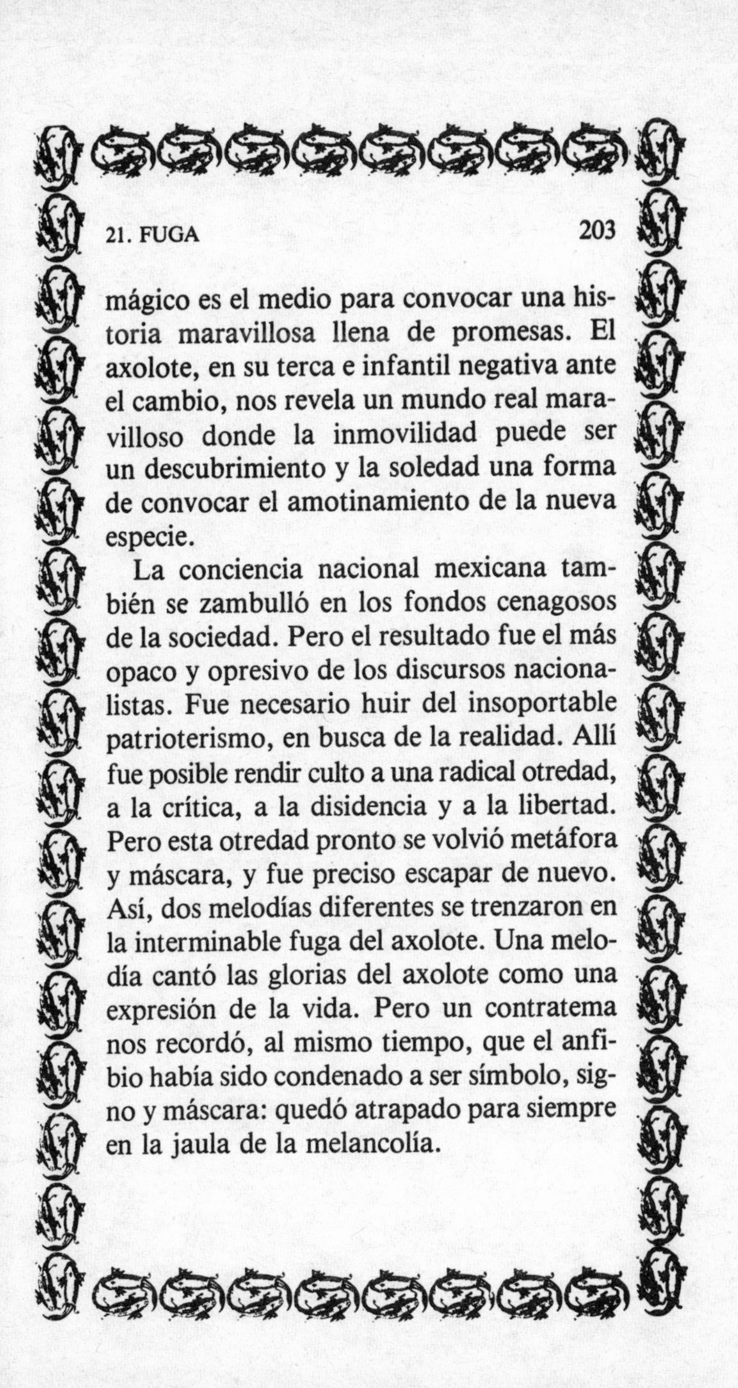

mágico es el medio para convocar una historia maravillosa llena de promesas. El axolote, en su terca e infantil negativa ante el cambio, nos revela un mundo real maravilloso donde la inmovilidad puede ser un descubrimiento y la soledad una forma de convocar el amotinamiento de la nueva especie.

La conciencia nacional mexicana también se zambulló en los fondos cenagosos de la sociedad. Pero el resultado fue el más opaco y opresivo de los discursos nacionalistas. Fue necesario huir del insoportable patrioterismo, en busca de la realidad. Allí fue posible rendir culto a una radical otredad, a la crítica, a la disidencia y a la libertad. Pero esta otredad pronto se volvió metáfora y máscara, y fue preciso escapar de nuevo. Así, dos melodías diferentes se trenzaron en la interminable fuga del axolote. Una melodía cantó las glorias del axolote como una expresión de la vida. Pero un contratema nos recordó, al mismo tiempo, que el anfibio había sido condenado a ser símbolo, signo y máscara: quedó atrapado para siempre en la jaula de la melancolía.

22. A la chingada

¿Pues para qué os espantáis
de la culpa que tenéis?
Querédlas cual las hacéis
o hacédlas cual las buscáis.

Juana Inés de la Cruz

México es un paraíso para las expediciones psicoanalíticas que buscan las fuentes del complejo de Edipo: ¿acaso hay algo más fascinante que esa peculiar combinación de machismo exacerbado y de fanático amor a la madre en la figura de la Virgen de Guadalupe? La madre de los mexicanos, la guadalupana, es la expresión nacional más evidente de uno de los arquetipos más extendidos a lo largo y ancho de la historia de la humanidad. Pero el culto a la Virgen sólo se explica si también nos fijamos en la sombra que la acompaña: la madre india, las diosas indígenas, la Malinche.

Este último tramo del viaje por la identidad nacional no puede menos que jugar con la idea de un retorno a la unidad original, la madre. Lo que sigue es la continuación del simulacro y su culminación: es la reconstrucción imaginaria del arquetipo. Como se verá, el simulacro ejerce una cierta violencia sobre los elementos que lo componen; es lo que sucede si son invocados imprudentemente los mitos de la identidad nacional y son llevados hasta sus últimas consecuencias.

Los mitos fundacionales del "alma mexicana" nos conducen directamente a dos fuentes originarias y aparentemente contrapuestas: por un lado, la virgen-madre protectora de los desamparados, la guadalupana; por otro lado, la madre violada y fértil, la chingada, la Malinche. Sin embargo, creer que son símbolos contrapuestos y diferentes obedece evidentemente a una idea piadosa que no admite abiertamente la profunda dimensión erótica y sexual de la Virgen en la cultura cristiana.[1] Un examen atento y desprejuiciado nos llevará, me parece, a contemplar a la Malinche y a la Virgen de Guadalupe como dos encarnaciones de un mismo mito original. Las dos Marías se funden en el arquetipo de la mujer mexicana.[2]

Es interesante comprobar que el nacimiento histórico de las dos figuras femeninas nos remite a un curioso canje o mercadeo de mujeres: ésa fue una de las primeras hazañas de Hernán Cortés en su guerra de conquista. Al llegar el conquistador a las costas de Tabasco, en marzo de 1519, los indígenas le hicieron la guerra; fueron derrotados por los españoles —según cuenta Bernal Díaz del Castillo— y decidieron de inmediato hacer las paces, por lo que sus caciques trajeron abundantes regalos a los vencedores: oro, diademas, ánades, mantas. "Y no fue nada todo este presente —apunta Díaz del Castillo— en comparación de veinte mujeres, y entre ellas una muy excelente mujer que se dijo doña Marina, que así se llamó después de vuelta cristiana."[3]

Hernán Cortés, como condición para la paz, ordenó poblar de nuevo el lugar y que regresase la gente, las mujeres y los niños. Además, les ordenó que abandonasen sus ídolos y sacrificios. A cambio se les explicó la nueva fe cristiana "y se les mostró una imagen muy devota de Nuestra Señora con su Hijo precioso en brazos, y se les declaró que en aquella santa imagen reverenciamos, porque así está en el cielo y es Madre de Nuestro Señor Dios".

[1] *Cf.* O. Paz, *El laberinto de la soledad,* p. 71 y ss.

[2] Es sintomático que el meticuloso estudio de J. Lafaye, sobre la Virgen de Guadalupe y la formación de la conciencia nacional, evite cualquier mención a los aspectos eróticos del mito; tampoco menciona a Malintzin. En cambio Francisco de la Maza, sorpresivamente, invita a los freudianos a explicar el recurso a la madre de Dios para obtener misericordia (*El guadalupanismo mexicano*, p. 168). Es interesante el artículo de Eric R. Wolf, "The Virgin of Guadalupe: A Mexican National Symbol", y sobre todo el ensayo de Edmundo O'Gorman, *Destierro de sombras. Luz en el origen de la imagen y culto de nuestra Señora de Guadalupe del Tepeyac*. Allí hace un interesante análisis histórico de la "invención" del guadalupanismo.

[3] *Historia verdadera de la conquista de la Nueva España.* Esta y las siguientes referencias provienen de las pp. 69-73.

Así, a cambio de veinte doncellas —entre ellas la Malinche— los indígenas recibieron una virgen. Sin duda las mujeres regaladas perdieron muy pronto su virginidad, pero lo mismo se podría decir de la imagen que recibieron los indígenas. En efecto, a éstos les agradó el trato: "y los caciques dijeron —cuenta Díaz del Castillo— que les parecía muy bien aquella *tececiguata*, y que se la diesen para tener en su pueblo, porque a las grandes señoras en aquellas tierras, en su lengua llaman *tececiguatas*". De esta manera, la madre del Dios cristiano fue asimilada a la serie de "grandes señoras" de la religión indígena; por su lado, las veinte mujeres

> fueron las primeras cristianas que hubo en la Nueva España, y Cortés las repartió a cada capitán la suya, y a esta doña Marina, como era de buen parecer y entremetida y desenvuelta, dio a Alonso Hernández Puerto Carrero, que ya he dicho otra vez que era muy buen caballero, primo del conde de Medellín y después de que fue a Castilla Puerto Carrero, estuvo la doña Marina con Cortés, y hubo en ella un hijo que se dijo Martín Cortés.

De esta manera ocurrió el primer intercambio carnal, simbólico y material de vírgenes por madres entre españoles e indígenas. Tanto unas como otras fueron símbolos protectores y maternales; todas fueron seducidas y violadas. Tanto traicionó la Malinche a su pueblo como la Virgen al suyo, pues las dos se entregaron y su originalidad quedó mancillada: la primera dio inicio a la estirpe de mestizos, la segunda renació como Virgen india y morena.

El candor y la frescura de Bernal Díaz del Castillo le impidieron ver el carácter poco santo del canje de vírgenes-madres que había organizado Hernán Cortés. Pero este tipo de intercambios no pasaron inadvertidos a la mirada atenta y disciplinada de los franciscanos, que se enfrentaron, doce años después, a un fenómeno similar: la aparición de la Virgen de Guadalupe en el cerro del Tepeyac, ocurrida supuestamente en 1531. Allí hubo también un extraño canje: los españoles aportaron a la Virgen de Guadalupe, y los indígenas dieron a cambio el culto a Cihuacóatl-Tonantzin, la antigua diosa de la tierra. Fray Bernardino de Sahagún comete un significativo y gracioso desliz cuando trata de esta deidad:

> Decían que de noche voceaba y bramaba en el aire; esta diosa se llama *Cihuacóatl*, que quiere decir mujer de la culebra; y también la llamaban *Tonantzin*, que quiere decir nuestra madre. En estas dos cosas parece que esta diosa es nuestra madre Eva, la cual fue engañada de la culebra, y que ellos tenían noticia del negocio que pasó entre nuestra madre Eva y la culebra.[4]

El supuesto origen cristiano del culto mexica a Cihuacóatl es un absurdo, pero los paralelismos simbólicos no podían dejar de llamar la atención de Sahagún... y de los indígenas. Pero el "negocio" —el sincretismo— entre Cihuacóatl y la Nueva Eva —la Virgen María— que realizaron los indígenas no fue del gusto de los franciscanos: Sahagún señaló que en el cerro de Tepeyac

> tenían un templo dedicado a la madre de los dioses que llamaban *Tonantzin*, que quiere decir *Nuestra Madre*; allí hacían muchos sacrificios a honra de esta diosa y venían a ella de muy lejas tierras... y ahora que está allí edificada la Iglesia de Nuestra Señora de Guadalupe también la llaman *Tonantzin*, tomada ocasión de los predicadores que a Nuestra Señora la Madre de Dios la llaman *Tonantzin*.

A continuación Sahagún explicó que esta traducción de los predicadores es falsa (Madre de Dios no es *Tonantzin* sino *Dios-nantzin*) y se indignó por el hecho evidente de que los indígenas en realidad no le rendían culto a la Virgen sino a su antigua diosa:

> parece esta invención satánica para paliar la idolatría debajo la equivocación de este nombre *Tonantzin*, y vienen ahora a visitar a esta *Tonantzin* de muy lejos, tan lejos como de antes,

[4] *Historia general de las cosas de la Nueva España,* libro primero, cap. VI, 3 y 4.

> la cual devoción también es sospechosa, porque en todas partes hay muchas iglesias de Nuestra Señora, y no van a ellas, y vienen de lejas tierras a esta *Tonantzin* como antiguamente.[5]

Sahagún se percató plenamente de que en el cerro de Tepeyac había ocurrido una verdadera violación, una auténtica "invención satánica": la Madre de Dios había sido convertida en Diosa Madre, la Virgen había perdido su virginidad en los brazos idólatras de los indios. No es de extrañarse que algunos españoles viesen con malos ojos a esa Virgen que se había entregado a los indígenas; de la misma forma que a algunos indígenas tal vez les desagradó ver a sus mujeres, como la Malinche, en brazos de los conquistadores...

Estas imágenes primigenias de la mujer que es capaz de penetrar en otro mundo o que es penetrada por otro mundo —dominante y dominada, virgen y ramera, reina y esclava— van a ser las materias primas que con el tiempo conformarán la imagen medular de la mujer mexicana moderna. Prácticamente todas las reflexiones sobre el ser del mexicano y la cultura nacional hacen referencia a los dos acontecimientos relatados originalmente por Bernal Díaz del Castillo y por Bernardino de Sahagún; los sucesos de Tabasco de 1519 y de Tepeyac en 1531 se transformaron, con el correr de los siglos, en dos poderosos ejes simbólicos que confluyen en la definición del perfil de la mujer mexicana: estos ejes han acabado por ser vistos como las semillas fecundadas de la nacionalidad mexicana, depositadas en el vientre fundacional de la patria.

Los primeros sacerdotes franciscanos en la Nueva España se dieron cuenta de los peligros a los que se enfrentaba la religión al fomentar el culto a la Virgen: sabían muy bien que la tierna y consoladora mediación de la Madre de Dios, que intercede ante la cólera divina por los humildes pecadores, podía conectarse fácilmente, en la imaginación popular, con los valores aparentemente opuestos de las antiguas diosas profanas: la lujuria de Afrodita, la exuberancia de Cibeles o la crueldad de Artemisa. La propia historia del cristianismo mostraba que era muy real el peligro de una confusión entre

[5] *Op. cit.,* libro undécimo, apéndice 7.

las diosas paganas y la Virgen María. Demos una ojeada a esta historia.

Los primeros cristianos no rindieron culto a María: por el contrario, veían con antipatía la posibilidad de que se confundiese con la adoración a las diversas manifestaciones de la *Magna Mater* pagana. Incluso la idea misma de la "virginidad" de María tenía su correspondencia y antecedentes en antiguos cultos a la madre-virgen. En el *Protoevangelio de Santiago* se describe con gran realismo y no poco sabor pagano el milagro del parto de la mujer virgen:

> ...después de que María hubo dado a luz a su hijo, la comadrona que la había asistido se encontró con una amiga llamada Salomé y le dijo: 'Oye Salomé, tengo que contarte algo muy extraordinario: una virgen ha dado a luz, cosa que no permite la naturaleza.' A lo que contestó Salomé: 'Vive el Señor Dios mío que si no meto mi dedo y examino su naturaleza, no lo quiero creer'... Salomé examina luego a la virgen y comprueba lo que le dijera la comadrona acerca de la permanente virginidad de María, que no quedó violada por el nacimiento del niño.[6]

Esta idea del *Protoevangelio de Santiago* probablemente correspondía a las tradiciones populares, pero los teólogos no se habían pronunciado al respecto. Tertuliano decía que María "fue virgen respecto de un varón, pero no respecto del parto" y aceptaba que María, después del nacimiento de Cristo llevó vida conyugal y concibió con pecado a los hermanos de Jesús, que fue el primogénito. Helvidio puso a María como modelo del amor conyugal y de la maternidad (después del nacimiento de Cristo). San Agustín —como muchos otros padres latinos— solía eludir el título de "madre de la divinidad" debido a sus evidentes resonancias paganas. Los términos *Theotokos*, en griego, y *Dei genitrix*, en latín, se evitaban para no dar lugar a una confusión con el culto a Cibeles,[7] de

[6] E. de Stricker, *La forme la plus anciénne du Protoévangile du Jacques* (1961), cit. por Hilda Graef, *La mariología y el culto mariano a través de la historia.*, p. 45.
[7] Hilda Graef, *op. cit.*, p. 104.

la misma manera que Tonantzin-Guadalupe ocasionó una confusión con Cihuacóatl. San Agustín pensaba que la Virgen María había sido concebida en pecado, y con ello apoyaba su teoría de la universalidad del pecado original. En contraste, Pelagio había defendido la idea de que el hombre puede, por libre voluntad, vivir sin pecado: y la prueba de ello era precisamente María. Un pelagiano —Julián de Eclana— le reprochó a San Agustín: "entregas al diablo a María misma por la manera de su nacimiento". Y es que el diablo —o, más precisamente, la diabla— siempre rondó a la madre de Dios; es evidente que la leyenda de María, la virgen-madre, ha provocado siempre una gran variedad de manifestaciones —las más de las veces ocultas y reprimidas— sobre la fertilidad y el erotismo.

Esta dimensión compleja del culto a la virgen-madre, que aúna elementos de castidad con rasgos eróticos paganos, es algo evidente aun en el famoso concilio de Efeso del año 431, que establece definitivamente el título de *Dei genitrix* para María. Los teólogos que acentuaban los rasgos humanos de Jesús —y por lo tanto de María— y que no aceptaban que una simple muchacha judía fuese la madre de la divinidad, fueron derrotados, excomulgados y posteriormente perseguidos. La gran controversia sobre María había sido iniciada por Proclo, el gran teólogo neoplatónico, cuyo pensamiento anuncia ya el advenimiento de la escolástica, en un sermón pronunciado en Constantinopla en el año 428; fue apoyado ardientemente por Cirilo de Alejandría, quien se encargó de manipular el concilio de Efeso para imponer su opinión, logrando que se aprobase la definición de María como madre de Dios antes de la llegada de los obispos orientales que se oponían a ello.

El pueblo de Efeso se mantuvo a la expectativa durante el concilio, y cuando se anunció que se aceptaba a María como Madre de Dios, la multitud que esperaba cerca de la iglesia conciliar estalló en jubilosas manifestaciones de alegría: "¡Alâbada sea la *Theotokos*!". El pueblo aclamó a Cirilo y a los obispos triunfantes que habían consagrado a María como madre de Dios; este mismo pueblo, cuatrocientos años antes, se había sublevado airado contra San Pablo, gritando: "¡Grande es la Artemisa de los efesios!",[8] cuando el apóstol explicó que los dioses hechos de mano de hombres no eran verdaderos. El nexo entre María y Artemisa no puede ser ocultado: la gran diosa griega, de origen minoico, era considerada virgen perpetuamente intacta, presidía los nacimientos y propiciaba la fecundación masculina. Artemisa era una diosa cruel, intolerante y vengativa; era diosa de las selvas, una virgen cazadora (como Diana, entre los romanos) que se oponía a la diosa del amor, Afrodita. Esta oposición se expresa en el *Hipólito* de Eurípides, donde la diosa del amor se queja de Hipólito, que la escarnece y que "odia el lecho nupcial, y no quiere casarse, y rinde culto a Artemisa, hermana de Apolo e hija de Zeus, creyendo que es la diosa de más poder, y vive siempre en su virginal compañía en la verde selva, persiguiendo a las fieras con sus ágiles perros".[9] La Artemisa de Efeso era menos dura que la versión arcadiana, y se creía que podía modificar a toda la naturaleza. Era representada como una mujer con múltiples pechos.

Mientras la vida cristiana fue perseguida, se prestó gran atención a la mitología del martirio; pero con la tolerancia oficial concedida por los emperadores Constantino y Licinio, desde el siglo IV el martirio dejó de ser el eje central de la vida cristiana, y su lugar fue ocupado por el ascetismo, que se abrevó de fuentes griegas y que convirtió a la virginidad en un estado cristiano especial, con usos y reglas peculiares.[10] El mismo Cirilo que impuso su opinión en el concilio de Efeso, está ligado a una sintomática historia que revela que la imposición del ascético culto a la virginidad forma parte de la barbarie medieval que destruyó las bases de la ciencia y de la civilización antiguas. Cirilo, arzobispo de Alejandría, despreciaba profundamente al último científico que pudo trabajar en la gran biblioteca, porque era un símbolo de la alta cultura y por su estrecha amistad con el gobernador romano; este científico era una mujer: Hipatia, brillante matemática, astrónoma y filósofa; era Hipatia bellísima y había logrado consagrarse a

[8] *Hechos de los apóstoles,* 19, 23-40.
[9] Agustí Bartra, *Diccionario de mitología.*
[10] *Cf.* H. Graef, *op. cit.*, p. 56.

los estudios —rechazando el matrimonio— y alcanzar una excelencia tanto más notable si se piensa en las escasas libertades que la sociedad de su época le ofrecía a las mujeres. Pero fue demasiado para una época de decadencia y crisis: en el año 415 una multitud de fanáticos feligreses de Cirilo la rodeó cuando se dirigía a su trabajo. La bajaron de su carruaje, le arrancaron los vestidos y, mediante afiladas conchas de mar, la desollaron y le arrancaron la carne de los huesos. Sus obras fueron destruidas y olvidadas; su cuerpo fue quemado. Así se inició la destrucción de la gran biblioteca de Alejandría, que había cobijado e incubado lo mejor del pensamiento antiguo.[11]

La historia del culto a la madre Virgen de Cristo refleja, sin duda, las diferentes concepciones que cada época ha desarrollado sobre la mujer: en cierta forma es una historia de los estereotipos cambiantes de la mujer occidental. No es éste el lugar para detenernos a hacer una crónica de la evolución del estereotipo femenino; baste contrastar la idea que tenían los primitivos cristianos de María, como una joven judía casada y madre de varios hijos, con la imagen popular del siglo XII de una María histérica, que expresa su dolor con lamentos salvajes, que se desmaya, se arranca los cabellos y se araña las mejillas cuando ve a su hijo cargar la cruz; al pie de la cruz se desgarra los vestidos, y ya muerto su hijo llora lágrimas de sangre. Una gran distancia separa las imágenes pietistas de una madre dolorosa llena de dignidad, de la Virgen de los pintores renacentistas, que era "una bella mujer de su tiempo, muy de este mundo y llena de gozo sensual" como admite un poco a regañadientes un estudio histórico muy ortodoxo.[12]

La imagen de la Virgen expresa la idea que cada época se forma de la mujer. Asimismo, no debemos extrañarnos de que la historia del culto a la Virgen de Guadalupe exprese la evolución de las concepciones que la cultura mexicana ha ido generando sobre el sexo femenino; esta historia está aún por escribirse, pero es posible advertir de entrada que la imagen

[11] *Cf.* una evaluación de esta coyuntura trágica para la ciencia, en Carl Sagan, *Cosmos*, p. 335.

[12] H. Graef, *op cit.*, p. 342.

virginal de Guadalupe es siempre flanqueada y asediada por su hermana gemela, Cihuacóatl. De la misma forma que la larga sombra de culpabilidad que proyecta Eva no abandona jamás a María, igualmente la antigua Tonantzin no se despega de Guadalupe. Las antiguas madres de los dioses y de los hombres, con una sensualidad primigenia que es vista por el cristianismo como el espectro del pecado y de la culpa heredada, jamás dejan de rondar a las hembras mexicanas y, por extensión, a la misma Virgen de Guadalupe. Por ello resultó un acto de extraordinario simbolismo el que los conquistadores bautizaran a la mujer indígena que Cortés tomó como amante, consejera e intérprete, con el nombre de la madre de Dios: María.[13] Pasó a la mitología como doña Marina o con la corrupción de su nombre indígena: Malinche. En la tradición cristiana también hay un significativo paralelismo de dos Marías, la Madre de Dios y Magdalena. Marina Warner ha señalado acertadamente que la Virgen y Magdalena son un díptico que expresa la visión patriarcal cristiana de la mujer: "En la arquitectura conceptual de la sociedad cristiana no hay lugar para una sola mujer que no sea una virgen o una prostituta."[14]

Es interesante anotar que esta visión maniquea es trasladada también al ámbito masculino: precisamente el diminutivo de María —Marica— es utilizado para apostrofar despectivamente a los homosexuales. De esta forma, en la mitología mexicana, tampoco hay lugar para un hombre que no sea un *macho* o un *maricón*. Como es sabido, la misma mitología —apoyada por argumentos psicoanalíticos— muestra que el machismo y la "mariconería" se funden en un mismo estereotipo: una historia que circula con profusión cuenta la historia de un mexicano que, para asegurarse de que seguía siendo muy macho y de que no obtenía placer de las relaciones homosexuales, con frecuente periodicidad se dejaba sodomizar

[13] "Fue dicho a Mocthecuzoma cómo los españoles traían una india mexicana que se llamaba *María*, vecina del pueblo de *Teticpac* que está a la orilla del mar del norte, y que traían a ésta por intérprete. . .". Sahagún, *op. cit.*, tomo IV, libro 12, cap. IX, p. 43. En la versión original náhuatl de este pasaje, de los informantes de Sahagún, se habla de ella como Malintzin.

[14] M. Warner, *Alone of all her sex,* p. 235.

por un *marica*. Las variadas y muy extendidas formas de homosexualidad tienen el mismo vínculo con el estereotipo del *maricón* que la que se observa entre el proletario y el *pelado*: se trata de una relación mitológica que contribuye a definir y a defender las formas "legítimas" y "normales" del ser mexicano.

La Malinche —en la leyenda mexicana— es la Gran Prostituta pagana: fue la barragana de Hernán Cortés y se ha convertido en el símbolo de la traición femenina. Malintzin fue hija de los caciques de Painala; siendo pequeña murió su padre y su madre se casó con otro cacique, de quien tuvo un hijo. Aquí se inicia la historia de traiciones femeninas: la madre de Malintzin, para deshacerse de ella y asegurar la herencia del cacicazgo a su nuevo hijo, la regaló a unos indígenas de Xicalango aunque anunció que había muerto: los de Xicalango la dieron, posteriormente, a los de Tabasco, y éstos se la regalaron a Cortés. Así es como Malintzin, apenas adolescente, se convirtió —como dijo el poeta Rafael López— en "frágil y olorosa raja de canela en el chocolate del Conquistador".[15]

De esta inmersión en el chocolate nació Martín Cortés, el más simbólico de los primeros mestizos. Aunque se le considera el "primer personaje de la mexicanidad", paradójicamente fue a España en 1569 y murió poco después en Granada, en la lucha contra los moros sirviendo a don Juan de Austria.[16] Los amores de Cortés y Malintzin duraron sólo cuatro o cinco años; después de este tiempo al conquistador le estorbó su amante india, y la casó con Juan Jaramillo, uno de sus capitanes más estimados y regidor del ayuntamiento de México. A Jaramillo tal vez no le agradó el asunto, y dice la mala lengua de López Gomara que cuando se casó con la Malinche lo hizo estando borracho. Sin embargo, el matrimonio con la concubina de Hernán Cortés fue ventajoso para él, pues doña Marina era rica y poderosa, además de ser joven y hermosa. Don Juan y la Malinche engendraron a una niña —¡de nom-

[15] "El beso de la Malinche", poema de Rafael López, cit. en Gustavo A. Rodríguez, *Doña Marina,* p. 66.

[16] Mariano G. Somonte, *Doña Marina, "La Malinche"*, pp. 75 y 95.

bre María!— a quien su padre al parecer no trató muy bien. La Malinche murió al poco tiempo (probablemente tres a seis años después), y su viudo se volvió a casar a los pocos días de enterrada, esta vez con una española.

Doña Marina fue sin duda una mujer extraordinaria, sin cuya inteligencia y consejos la Conquista de México hubiera tomado un derrotero distinto al que condujo a la rápida caída de Tenochtitlan frente al asedio de Hernán Cortés. Pero lo que interesa destacar aquí es la manera en que la leyenda negra de la Malinche se va formando en relación directa al establecimiento de la idea de *nación*. El hecho de que Malintzin apoyó a los españoles como un acto de rebeldía contra el despotismo de los tenochcas se va desvaneciendo para dar lugar a la idea de que la Malinche *traicionó a su patria*; poco importó que la idea y la realidad de una *patria* no pudiesen aplicarse a los pueblos aborígenes. El nacionalismo mexicano del siglo XIX —como el de hoy, aunque con otros matices— tuvo necesidad de inventar una patria originaria: y esta nación primigenia debía tener sus héroes y sus traidores. A Malintzin le fue asignada la obligación de encarnar la infidelidad y la deslealtad. José María Marroquí, en su cuento sobre la leyenda de la Llorona describe con tremendismo romántico la "maldición de la Malinche": la amante del conquistador muere corroída por el remordimiento, pues había sido "traidora a su patria", y por lo mismo le fue negada la paz de la tumba. Así, el alma de la Malinche es condenada a vagar sin descanso; Marroquí cuenta que al morir Malintzin un ángel se le apareció, le advirtió que penaría tres siglos, que durante el día las aguas del lago de Texcoco serían su sepulcro, y que durante la noche abandonaría aquella tumba, para vagar por la ciudad conquistada exhalando gemidos.[17]

En la leyenda de la Llorona es fácil reconocer las huellas del antiguo culto a Cihuacóatl, la diosa-serpiente del santuario de Tepeyac —antecesora de la Virgen de Guadalupe— que, en palabras de Sahagún "de noche voceaba y bramaba

[17] J.M. Marroquí, *La Llorona, cuento histórico mexicano*. Véase también a De Aragón, *The Legend of La Llorona*.

en el aire".[18] En vida Malintzin fue adorada por muchos indígenas como si fuera una diosa, y fue enormemente respetada por los conquistadores: sin embargo, terminó convertida en el símbolo de la ignominia: ¡qué destino tan injusto para tan excepcional mujer!

Este destino, por cierto, fue auspiciado por el liberalismo decimonónico, que tuvo necesidad de crear un paralelismo laico al culto católico. Esta necesidad permite comprender, no sin hacernos sonreír, la apreciación de Ignacio Ramírez en un fogoso discurso pronunciado en la Alameda de la ciudad de México:

> Es uno de los misterios de la fatalidad que todos los nacionales deban su pérdida y su baldón a una mujer, y a otra mujer su salvación y su gloria; en todas partes se reproduce el mito de Eva y de María; nosotros recordamos con indignación a la barragana de Cortés y jamás olvidaremos en nuestra gratitud a Doña María Josefa Ortiz, la Malintzin inmaculada de otra época que se atrevió a pronunciar el *Fiat* de la independencia para que la encarnación del patriotismo lo realizara.[19]

En estas palabras resuena el eco de las antiguas palabras de San Juan Crisóstomo, escritas quince siglos antes: "Una virgen nos arrojó del paraíso, por otra virgen hemos hallado la vida eterna." La idea de las dos Evas, la pecadora y la virtuosa, es antigua en la cultura mexicana; fue desde el siglo XVII una de las matrices dialécticas ligadas a la configuración de un espacio mexicano diferente al español; la Nueva España debía ser el Nuevo Paraíso en donde una nueva Eva pariese sin pecado a la nación criolla. Esa mujer comenzó siendo pues, criolla: tal vez para lavar los pecados de su antecesora india. Así, el bachiller Miguel Sánchez en 1648 exclama: "Eres tú, México, patria mía, una mujer portento. . .".[20] Se refiere, por

[18] *Op. cit.*, libro primero, cap. VI, 3 y 4.

[19] "Discurso cívico pronunciado el 16 de septiembre de 1861, en la Alameda de México, en memoria de la proclamación de la Independencia." Ignacio Ramírez, *Obras*, tomo I, p. 134.

[20] *Imagen de la Virgen María Madre de Dios de Guadalupe. . . Celebrada en su historia con la profesía del capítulo doze de Apocalipsis,* México, 1648 (cit. por

supuesto, a la Virgen de Guadalupe, la Divina Criolla, a la que compara con la mujer apocalíptica perseguida por el dragón. Este bachiller, verdadero inventor del culto criollo a Guadalupe, había recibido una carta de su amigo el vicario de la iglesia de Tepeyac —Luis Lasso de la Vega— que revelaba un oculto deseo sexual al confesar su ardiente amor por la Virgen: "Yo y todos mis predecesores hemos sido Adanes dormidos poseyendo a esta Eva Segunda en el Paraíso de su Guadalupe mexicano." Más adelante, en la misma carta, reafirmaba el papel de amante devoto en el nuevo paraíso, en donde había aparecido la nueva Eva mexicana: "Más agora me ha cabido ser el Adán que ha despertado para que la vea...".[21] Francisco de la Maza, en su interesante ensayo escrito con devoción guadalupana, se pregunta si todo esto no son más que delirios teológicos de dos bachilleres barrocos; su respuesta es negativa: por el contrario, "en esos teologismos se esconde una intuición espléndida que inicia una esperanza de intereses comunes, independientes y radicales. A esto, precisamente, llamamos nacionalismo".[22] En efecto, el bachiller Miguel Sánchez advierte que la mujer apocalíptica que él ve en la Virgen de Guadalupe "se vestía de alas y plumas de águila para volar: era decirme que todas las plumas y los ingenios del águila de México se habían de conformar y componer en alas para que volase esta mujer prodigio y sagrada criolla...". En la viñeta del libro de Sánchez aparece la Virgen posada sobre un nopal, y atrás surgen dos águilas cuyas alas parecen las de ella: es aparentemente un uso del escudo nacional mexicano (en el que se ha excluido a la serpiente: ¿el dragón ya ha sido vencido por Guadalupe?).[23]

Y así, los temores de fray Bernardino de Sahagún y de los primeros franciscanos se vieron confirmados: la Virgen María, ya desde el siglo XVII, era transformada en la Nueva Eva mexicana que debía despertar el tumultuoso y ardiente amor

Francisco de la Maza, *op. cit.*, p. 50). Sobre los aspectos mesiánicos, véase "Arquetipo mesiánico judío y articulación de identidades nacionales", de J. Gabayet.

[21] Luis Lasso de la Vega, "Carta al autor", en Miguel Sánchez, *op. cit.*, p. 38.

[22] *Op. cit.*, p. 60.

[23] *Op. cit.*, p. 69.

del pueblo. Pero una Eva criolla no fue suficiente para canalizar el culto popular. Era necesaria una Eva india para exorcizar las viejas culpas y consolar las penas crecientes. En 1672 ya se describe a la Virgen como india, y no como criolla. Precisamente un franciscano, Juan de Mendoza, afirma:

> formóse esta imagen santa de Guadalupe, a semejanza de los gentiles naturales de esta tierra; dícelo su rostro que muestra un color apagado, moreno, semejante al que tienen ellos, y púsose asimismo en su traje, vistióse las ropas de su usanza para que viéndola los gentiles formada a su semejanza y vestida en su traje, se enamorasen y convirtiesen.[24]

De alguna manera la traición de las indias reales —las Malinches que abrieron su sexo al conquistador— es lavada con las lágrimas de otra india ideal: la Virgen se confunde con el mito de la Llorona y nos llega hasta hoy en los versos de la canción:

> Salías del templo un día, llorona,
> cuando al pasar yo te vi.
> Y hermoso huipil llevabas, llorona,
> que la Virgen te creí.

En nuestro Edén subvertido —habitado ya por un Adán agacnado— hacía falta una Eva mexicana. Las materias primas para su creación ya existían, desde el siglo XVI; pero no es sino después de la Independencia que se inicia una catálisis cultural, y se va codificando un complejo mito sobre la mujer mexicana: entidad tierna y violada, protectora y lúbrica, dulce y traidora, virgen maternal y hembra babilónica. Es el pasado indígena subyugado y dócil, pero en cuyas profundidades habitan no se sabe qué lascivias idolátricas. Guadalupe y la Malinche como dos facetas de la misma figura: ésta es la mujer que se merece el mexicano inventado por la cultura nacional, y por ello es creada para él para que tenga compañera en su expulsión del paraíso. La versión moderna de esta peculiar

[24] Francisco de la Maza, *op. cit.*, p. 132.

dualidad femenina explica su anatomía en términos muy influidos por el psicoanálisis. Se describe el culto a la Virgen de Guadalupe como un profundo sentimiento de culpa del hombre, que implora perdón al símbolo de la mujer que es traicionada y abandonada por él mismo; el amor a la Virgen corre paralelo al culto a la madre, institucionalizado pero ejercido sólo bajo ciertas circunstancias y en ocasiones especiales. Pero el hombre mexicano sabe que la mujer —su madre, su amante, su esposa— ha sido violada por el macho conquistador, y sospecha que ha gozado e incluso deseado la violación. Por esta razón ejerce una especie de dominio vengativo sobre su esposa, y le exige un autosacrificio total. Surge así una típica relación sadomasoquista, en la cual la mujer debe comportarse con la ternura y la abnegación de una virgen para expiar su pecado profundo: en su interior habita la Malinche, henchida de lascivia y heredera de una antigua traición femenina. No es difícil encontrar en las canciones mexicanas las huellas de esta dualidad: es muy frecuente la mezcla de una veneración total a la mujer amada con un ardor y un rencor profundos por causa de la hembra traicionera.[25]

En una novela publicada a mediados del siglo XX, pero cuya acción se ubica en la época porfirista, se expone bien esta invención de la mujer mexicana que he descrito:

> Para quedar en paz con su conciencia, por bien dispuesta que esté a pecar, [la india] ha de ser subyugada. Si se le habla dirá que no. Cederá a la fuerza bruta, aunque ésta no sea mucha ni sea muy brutal. Pero no dirá que sí. ¿Consentir? Jamás. Al menos no las primeras veces. Consentir expresamente o tácitamente como la aldeana española le parece indecente.[26]

Como puede verse, se trata de un trasplante a la época moderna de lo que se supone que ocurrió entre mujeres indias y conquistadores, entre la Malinche y Cortés. Hay sin embargo

[25] *Cf.* Santiago Ramírez, *El mexicano, psicología de sus motivaciones*. Rogelio Díaz-Guerrero, *Psicología del mexicano*. Dolores M. de Sandoval, *El mexicano: psicodinámica de sus relaciones familiares*.

[26] Luis Enrique Erro, *Los pies descalzos*, p. 155

una diferencia: Malintzin dijo *sí*, mientras que la mujer moderna debe comportarse como virgen: mientras no diga que *sí* su conciencia permanecerá inmaculada. Pero el macho, que ha inventado a esta mujer, sabe cómo tratarla:

> . . .a la india hay que tumbarla en tierra para poseerla. No se necesita para ello gran esfuerzo si el agresor le gusta. . . Y además hay que taparle la cara. . . Y ya está todo listo. Después hay que dejarla huir corriendo y avergonzada. Y no hay que pagarle nada. Pues no se paga a aquél a quien se roba.[27]

A partir de esta imagen de la madre india violada se estimula la idea del macho resentido, que detesta a su progenitor cruel y abandonador: "al carecer el mestizo de un padre presente y conocido, la unión entre madre e hijo se fortifica de una manera patológica", nos dice un estudio psicológico; es que, agrega, el mexicano desde la Conquista es "un pueblo sin padre": "el destino del mexicano es crecer sin padre, y es que históricamente y como consecuencia de la Conquista es la madre la que casi exclusivamente aparece en el horizonte histórico del niño".[28] Estas temerarias generalizaciones son un lugar común en la cultura nacional mexicana. Un escritor confirma esta filiación mitológica exaltada por vía materna: "La cultura mexicana no tuvo padre, como el Niño Dios, hijo de una virgen purísima, o como tantos mexicanos que han venido al mundo huérfanos de un padre fantasmal."[29] Salvo que la madre mexicana sólo es inmaculada los días de fiesta, el 10 de mayo y el 12 de diciembre. Durante el resto del año pesan sobre ella graves sospechas, que tiene que borrar comportándose con la mayor sumisión y recato. Pero también al calor de las fiestas surge el grito que nos revela nuestro origen: "¡Viva México, hijos de la Chingada!"[30] En un abrir

[27] *Op. cit.*, p. 156.
[28] Dolores M. de Sandoval, *op. cit.*, pp. 32, 90 y 91.
[29] Gabriel Zaid, "Problemas de una cultura matriotera".
[30] Al analizar esta exclamación Octavio Paz introduce una confusión, pues pretende que este grito de afirmación patriótica indica que los *demás*, los *otros*, los *extranjeros* son los hijos de la Chingada. Pero es evidente que los "hijos de la Chin-

y cerrar de ojos hemos pasado de la madre purísima a la hembra violada, en un sobrecogedor salto mortal que muestra que las dos expresiones polares son parte de un mismo arquetipo.

Este arquetipo de la mujer mexicana es la dualidad Malintzin-Guadalupe. Es la Chingadalupe, una imagen ideal que el macho mexicano debe formarse de su compañera, la cual debe fornicar con desenfreno gozoso y al mismo tiempo ser virginal y consoladora.[31] En este sentido todos los mexicanos son Juan Diegos, que proyectan en el Tepeyac de sus profundas internidades psíquicas la imagen de sus mujeres, como lo hiciera el indio del mito guadalupano, cuya esposa —como para estimular nuestra imaginación mitológica— se llamaba también María (según estableció con exactitud teológica Becerra Tanco hace tres siglos). A cambio de la veneración, la Virgen idolatrada se acurrucó en la manta del indio, donde quedó su imagen impresa: de igual manera las mujeres de carne morena son aceptadas en la cama del macho mexicano y dejan en las sábanas la huella de su dolor; como dice la canción popular:

gada" son los propios mexicanos; es un reto a los que escuchan el grito, en el que el insulto —como en tantas expresiones mexicanas— contiene un ingrediente cariñoso que se entrevera con la agresión. El propio Paz señala después, contradiciéndose, que la Chingada es una representación de la Llorona, de la sufrida madre mexicana: ¿cómo es posible, entonces, que sus hijos sean extranjeros? Por lo demás Paz exagera las particularidades del verbo *chingar,* que tiene similitudes enormes con *foutre, fuck* y *joder,* tanto en sus connotaciones sexuales y agresivas como en su uso en relación a la violación de la madre. Sobre la *chingada* léase el significativo y delirante despliegue que hace Carlos Fuentes en un capítulo de *La muerte de Artemio Cruz.* Allí se hace explícito el uso del mito de la melancolía por la Edad de Oro: "¿a dónde vas con la chingada? oh misterio, oh engaño, oh nostalgia: crees que con ella regresarás a los orígenes: ¿a cuáles orígenes? no tú: nadie quiere regresar a la Edad de Oro mentirosa, a los orígenes siniestros, al gruñido bestial. . ." (p. 145).

[31] Una descripción sencilla, pero por lo mismo reveladora de lugares comunes sobre la mujer mexicana, admite abiertamente que "al compararla con la Malinche, se antoja que la virgen de Guadalupe es complementaria de aquélla, algo así como el anverso de una misma imagen". Juana Armanda Alegría, *Psicología de las mexicanas,* p. 103. Sobre este tema es interesante consultar: Shirlene Soto, "Tres modelos culturales: la Virgen de Guadalupe, la Malinche y la Llorona", y Rachel Phillips, "Marina/Malinche: Masks and Shadows".

Las morenas me agradan
desde que supe
que es morena la Virgen
de Guadalupe.

Es probable que la presencia aplastante de este arquetipo haya inhibido en la literatura mexicana la construcción de personajes femeninos complejos y orgánicos; se ha dicho que en México las figuras literarias femeninas se presentan como *mitología* y como *diseños previos*.[32] Estos modelos prefijados son tomados de un eje que va de la Malinche a la Guadalupe: en un extremo mujeres devoradoras de hombres y fogosas (en el cine María Félix ha encarnado este papel); en el otro extremo las novias inmaculadas y las madres comprensivas. De un lado la pasión romántica tormentosa; frente a ella el amor cristiano e idolátrico. Esta última forma de amor es la que exhalan los famosos versos de López Velarde dedicados a Fuensanta; pero el mismo poeta invoca a la primera Eva:

> Mi amor te circuye con tal estilo, que cuando te sentiste desnuda, en vez de apelar al follaje de la vida, pudieras haber curvado tu brazo por encima de los milenios para pescar mi corazón. Yo te conjuro, a fin de que vengas, desde la intemperie de la expulsión, a agasajar la inocencia de mis ojos con el arquetipo de tu carne.[33]

Así funciona la dialéctica del arquetipo femenino: cuando el

[32] C. Monsiváis, "Sexismo en la literatura mexicana", p. 109. La vida de la pintora Frida Kahlo es un ejemplo de que, en materia de tipos femeninos, la realidad es más rica en mitos que la literatura. En cierto sentido Frida Kahlo es un resumen (intelectualizado) de las contradicciones de ese ser mitológico femenino creado por la cultura nacional. Además, la obra de Frida Kahlo está llena de alusiones que enriquecen la propia mitología nacional (sobre la muerte, la violencia, el machismo, los orígenes telúricos del mexicano, etcétera, lo mismo que la obra de su marido Diego Rivera. *Cf.* la biografía escrita por Hayden Herrera, *Frida.* Lo mismo puede decirse de Sor Juana Inés de la Cruz: Ezequiel Chávez vio en ella al alma de todo el pueblo mexicano, incluidos españoles. criollos, mestizos, negros e indios. *Cf. Ensayo de psicología de Sor Juana Inés de la Cruz,* p. 356.

[33] "Eva", en *Obras Completas.*

hombre es inocente la mujer lo tienta con su carne. Pero cuando en el hombre prende la lujuria, la hembra debe ser dulce y comprensiva. Cuando la fiebre pecaminosa consume al macho, allí está la virgen para calmarlo; pero si la fría melancolía lo tiene aturdido, una hembra fogosa lo ha de despertar. Esta es la lógica del erotismo en el paraíso mexicano. Por eso el Adán mexicano no quiere a las mujeres como las hace, ni es capaz de hacerlas como las quiere. Cuando son comprensivas y virginales, las viola; pero cuando se vuelven lúbricas, huye temeroso y se refugia en las faldas de la madre-virgen. Necesita sentirse culpable siempre, pues piensa como Pascal: "Es necesario nacer culpables, si no Dios sería injusto."[34]

[34] *Pensées,* Ed. Brunschvig, 439, p. 555; cit. por Louis Rougier, *Del paraíso a la utopía*. p. 46.

Expulsión

Es evidente que el poder político no puede ser entendido solamente como la expresión de la fría racionalidad ideológica que emana de las confrontaciones entre dominados y dominadores. Las ideas políticas y los programas no son, a fin de cuentas, los principales soportes de los Estados capitalistas. Esta relativa marginalidad de la ideología política con respecto a las funciones esenciales de las propias instituciones políticas es un fenómeno que comienza a ser reconocido, y que ha ameritado diversas explicaciones. Se ha señalado el enorme poder de los medios masivos de comunicación en el desarrollo del perfil político de una nación; se han destacado los complejos mecanismos psicológicos de la sociedad de masas; se ha hablado del poder despolitizador de las tecnoestructuras y de los grandes monopolios; se ha subrayado la importancia de las divisiones étnicas y raciales; se ha observado la creciente influencia de las nuevas subculturas basadas en costumbres sexuales, estilos de vida o creencias religiosas; y se ha teorizado sobre el "fin de las ideologías" en la edad posmoderna. A mí me parece que una parte esencial de la explicación de la legitimidad del Estado moderno radica en las redes imaginarias del poder político, como las he llamado anteriormente. Los mitos y la cultura nacional son uno de los aspectos más importantes de estas redes imaginarias. El México contemporáneo, por otro lado, es un país que ofrece una situación especialmente interesante para estudiar las redes imaginarias del poder político, precisamente por el hecho de que su Estado se ha extendido a pesar del inmenso vacío ideológico que genera la Revolución en 1910. Aunque de una manera vaga y general se puede aceptar que la ideología de los gobiernos posrevolucionarios es una continuación del liberalismo mexicano, es evidente que no es en torno a un programa coherente o un modelo de desarrollo como se estructura el Estado moderno. En resumen: no es principalmente la Constitución lo que une a los mexicanos en torno al Estado, ni fueron sólo los efluvios del nacionalismo revolucionario los que anestesiaron al pueblo para que no sintiera los dolores del crecimiento de un enorme aparato político de dominación autoritaria.

En ausencia de una ideología vertebrada y dada la extrema precariedad de los proyectos o modelos de desarrollo (que no suelen ser más que justificaciones *a posteriori* del curso que sigue la acumulación capitalista), la legitimidad del sistema político adquiere acentuadas connotaciones culturales: es preciso establecer una relación de necesaria correspondencia entre las peculiaridades de los habitantes de la nación y las formas que adquiere su gobierno. Así, la definición del carácter nacional no es un mero problema de psicología descriptiva: es una necesidad política de primer orden, que contribuye a sentar las bases de una unidad nacional a la que debe corresponder la soberanía monolítica del Estado mexicano.

A las limitaciones de la ideología que emana de la Revolución de 1910 es necesario agregar la grisura de los héroes míticos surgidos de la historia moderna de México: como se ha hecho notar,[1] los mitos tejidos en torno a personajes como Madero, Carranza, Obregón y Calles son de una gran mediocridad; el potencial mítico de Emiliano Zapata, por ejemplo, no ha sido utilizado por el Estado, dado que fue enemigo acérrimo de los fundadores del gobierno de la revo-

[1] John Rutherford, *Mexican Society During the Revolution. A Literary Approach.* Si la ideología de la Revolución es despojada de sus dimensiones culturales queda reducida a un débil esqueleto de gris nacionalismo socioeconómico. Daniel Cazés ha sido uno de los primeros en señalar que las luchas que se inician en 1910 tienen un carácter tan atrasado —entre otras cosas por la debilidad de su dimensión ideológica— que se puede hablar de una *sub-revolución*. También ha hecho un agudo análisis crítico de las terribles debilidades ideológicas de uno de los más importantes profetas de la Revolución: Andrés Molina Enríquez, cuyas tesis centradas en argumentos socioeconómicos no se sostienen sin la ayuda del darwinismo social y del organicismo spenceriano que exalta los valores patrióticos que emanan del mestizaje racial y cultural, *cf.* Daniel Cazés, *Los revolucionarios*, p. 35 y ss. Desde una perspectiva igualmente crítica Ramón Eduardo Ruiz realiza un interesante estudio en su libro *México: la gran rebelión*, cuyo título ya denota claramente las intenciones del autor.

lución domesticada. Sin embargo, la Revolución fue un estallido de mitos, el más importante de los cuales es precisamente el de la propia Revolución. Los mitos revolucionarios no fueron, como en otras naciones, levantados sobre biografías de héroes y tiranos, sino más bien sobre la idea de una fusión entre la masa y el Estado, entre el pueblo *mexicano* y el gobierno *revolucionario*.[2] El mito de la Revolución es un inmenso espacio unificado, repleto de símbolos que entrechocan y que aparentemente se contradicen; pero a fin de cuentas son identificados por la uniformidad de la cultura nacional. En el espacio de la unidad nacional ha quedado prisionero y maniatado el ser del mexicano, como un manojo de rasgos psico-culturales que sólo tienen sentido en el interior del sistema de dominación. La cultura nacional se identifica con el poder político, de tal manera que quien quiera romper las reglas del autoritarismo será inmediatamente acusado de querer renunciar —o peor: traicionar— a la cultura nacional.

No debe extrañarnos que ante esta situación muchos hayan querido deslindar campos y líneas de interés de acuerdo a posiciones de clase y a la influencia cultural de Estados Unidos y de Europa. Desde esta perspectiva, habría una cultura hegemónica —en la que dominarían los valores burgueses y extranjeros— distinta de una cultura nacional popular, aunque ambas estarían íntimamente imbricadas. A veces se distingue la cultura de masas de la cultura popular, de tal forma que en la primera se clasifican los efectos nocivos de la penetración de las culturas extranjeras, la homogeneización que producen los medios masivos de comunicación y la expansión de la nueva barbarie industrial y urbana; frente a esta masificación de la cultura habría que rescatar a la "verdadera" cultura nacional, cuyas raíces estarían profundamente enterradas en el alma del pueblo: de un pueblo imaginario aún no manchado

[2] Las biografías realizadas por Enrique Krauze de Carranza, Madero, Obregón y Calles confirman esta idea (*cf. Biografía del poder*). Del mismo autor véase *Caudillos culturales en la Revolución mexicana*. Sobre la importancia del mito político como instrumento de análisis de las estructuras de poder, véase el artículo "Mito político" de T. Borazzi en el *Diccionario de política* de Bobbio y Matteucci, Siglo XXI, México, 1982. Véase también el ensayo, un tanto desarticulado y mal facturado pero muy interesante, de André Reszler, *Mitos políticos modernos*.

por el fango de la televisión, la radio y el cine.[3] Sin pretender entrar en polémica, me parece necesario señalar la imposibilidad de encontrar *dos* culturas nacionales, una dominante y otra popular, pues por el mismo hecho de ser *nacional*, una cultura es necesariamente, al mismo tiempo, *dominante y popular*. Sólo la ideologización de las manifestaciones culturales permite la disección de la cultura nacional de acuerdo a fronteras de clase social (dominante *versus* popular).[4] Por supuesto esto no quiere decir que todas las facetas de la cultura dominante y hegemónica tengan un carácter nacional; igualmente, muchas expresiones populares de la cultura no adquieren una dimensión nacional. Es el caso de valores culturales celosamente elitistas adoptados por segmentos importantes de la clase hegemónica y en los cuales se apoya el ejercicio cotidiano de la dominación (*v. gr.* modas de todo género, giros en el lenguaje, estilos de discusión, etcétera). Por otro lado, manifestaciones culturales extranjeras o abiertamente extranjerizantes llegan a adquirir una gran popularidad (música, literatura, lenguajes, etcétera). En ambos casos es evidente que —si no se esfuman rápidamente— los valores culturales extremadamente elitistas y extranjerizantes pueden, y suelen, llegar a ser incorporados a la cultura nacional. Ello ocurre cuando se produce una homogeneización tal de los valores culturales, que permite que puedan ser comprendidos por miembros de las diferentes clases sociales. Es decir, cuando adquieren formas que permiten su *identificación,* pues la frecuente manipulación ha terminado por imprimirle profundamente las huellas de sus usuarios mexicanos.[5] Esta identidad

[3] Sobre este tema puede leerse una penetrante reflexión crítica de José Martín Barbero en su ensayo "¿Qué es la cultura popular?"

[4] Jorge Aguilar Mora hace una interesante crítica a quienes creen que los dominados han sido obligados a verse a sí mismos con los ojos del dominador, asegurando con ello la hegemonía de los sistemas de explotación: "La ideología de los dominadores... abarca tanto a los dominados como a los dominadores"; pero lo que realmente asegura la hegemonía no es la unidad ideológica, sino el hecho de que la cultura nacional es una expresión común de dominados y dominadores; esto explica que la legitimidad de un sistema de explotación se mantenga a pesar de que existan, en algunos países, profundas diferencias ideológicas en la sociedad (como en Francia e Italia), *cf.* J. Aguilar Mora, *La divina pareja*, p. 55.

[5] Un buen ejemplo es el rock, de evidente origen extraño pero que se ha convertido en una expresión de la cultura nacional.

de los valores culturales indica que han adquirido un *sentido*, un significado dentro de la estructura de referencias y de sujetos que unifica a una porción considerable de los espacios culturales existentes en el México posrevolucionario.

Podríamos plantearnos para México un problema similar al que preocupó a Gramsci: ¿existe una literatura nacional-popular? En Italia no existía porque, según Gramsci, faltaba

> una identidad de concepción del mundo entre 'escritores' y 'pueblo'; es decir que los sentimientos populares no son vividos como cosa propia por los escritores, ni los escritores cumplen una función 'educadora nacional', o sea que no se han planteado ni se plantean el problema de dar forma a los sentimientos populares luego de haberlos revivido y convertido en cosa propia.[6]

Podemos también comprender el problema planteado por Gramsci en un sentido amplio, no sólo aplicable a la literatura y a los escritores, sino al conjunto de las expresiones culturales. En México el sufrimiento de la melancolía y de la metamorfosis que he descrito, es precisamente la vía peculiar en que la intelectualidad ha revivido y dado forma a los sentimientos populares. Esta elaboración estimula una estructura de mediación que sirve de puente imaginario entre la élite y el pueblo. Pero es evidente que el resultado de esta elaboración no es un reflejo exacto de los sentimientos populares: es una unificación e identificación que, a su vez, debe ser aceptada por amplios sectores del pueblo como la forma nacional que han destilado los intelectuales al "revivir" y "apropiarse" de los sentimientos populares.

Tengo la impresión de que el carácter nacional-popular de la literatura mexicana contemporánea sufre de serias preca-

[6] *Cuadernos de la cárcel*, "Problemas de la cultura nacional italiana", cuaderno 21 (XVII), 1934-1935, tomo 6. Muchos escritores mexicanos se han preocupado por este problema. Por ejemplo, el escritor José Agustín muestra un gran interés por crear una literatura mexicana, y al mismo tiempo siente una gran aversión por los estereotipos que he condensado en el canon del axolote (referidos a la muerte, al indio, etcétera) *Cf.* "Entrevista a José Agustín", de Héctor Gómez Vázquez.

riedades, a pesar de que existe un sistema metafórico referencial y mediador sobre "lo mexicano". En cambio, me parece que el cine, la radio, los comics, las fotonovelas y la televisión han aprovechado mucho más las posibilidades de una cultura nacional definidora del sujeto específicamente mexicano; la terrible paradoja es que ello lo logran a pesar de ser, simultáneamente, los principales canalizadores del llamado "imperialismo cultural" y de su vocación, en la mayor parte de los casos, abiertamente extranjerizante: a fin de cuentas, el malinchismo es un mito profundamente mexicano. Pero lo que quiero destacar aquí es que, para que pueda ser posible un espacio nacional-popular en la literatura o en el arte, es preciso que los sentimientos populares —o atribuidos al pueblo— sean revividos y apropiados por la intelectualidad, como señala Gramsci. Esta elaboración es la que ha creado la especie de metadiscurso sobre "lo mexicano" que he comentado en las páginas precedentes. La estructura de este metadiscurso no tiene nada de específicamente mexicana: es una adaptación de cánones estrechamente ligados al desarrollo capitalista y a la consolidación de los Estados nacionales. Es decir, a lo que llamamos el Occidente moderno.

Antes de seguir, creo necesario detenerme un poco aquí para explicar las peculiaridades de esta estructura de mediación y sus conexiones con cánones culturales que tienen una larga historia en Occidente. El principal problema que resuelve toda estructura política de mediación es el de la transposición de antagonismos sociales a espacios donde la lucha de clases logra ser domesticada, con lo cual se garantiza la continuidad del sistema. La imaginería que define al mexicano como sujeto de la historia y de la política —es decir, como sujeto a una dominación específicamente mexicana— ha logrado transponer, al territorio de la cultura nacional, las dos grandes clases sociales masivas que forman la base del Estado moderno: los campesinos y los obreros. Sostengo que las imágenes de estas dos grandes masas sociales han sido no sólo transfiguradas en una polaridad subjetiva de actores, sino que han sido sumergidas y diluidas en dos sustancias espirituales que alimentan el alma nacional: la melancolía y la metamorfosis. Este es uno de los puntos esenciales en donde se revela una conexión íntima entre la constitución de la cultura nacional mexicana y la cultura occidental.

En su forma literaria moderna tal vez fue Víctor Hugo quien popularizó con mayor fuerza el canon dual de la melancolía y la metamorfosis. Según Hugo, en su famoso prólogo a *Cromwell,* de 1827, el cristianismo "introdujo en el espíritu de los pueblos un sentimiento nuevo, desconocido por los antiguos y singularmente desarrollado entre los modernos; un sentimiento que es más que la gravedad y menos que la tristeza, la melancolía".[7] Esta idea, que fue formulada originalmente por Chateaubriand,[8] se refiere a que, ante las amargas desilusiones de la vida social y política, el hombre se repliega en sí mismo para meditar. De acuerdo a esta idea, hasta el advenimiento del cristianismo las grandes transformaciones sólo ocurrían en las alturas; los individuos estaban ubicados tan abajo que, fuera de los infortunios domésticos, era casi imposible que las desgracias que ocurrían a los Estados les afectaran: los acontecimientos, sostiene Víctor Hugo, parecían desenvolverse con la solemnidad de la epopeya. Pero con el advenimiento del cristianismo la vieja Europa fue arruinada y las naciones fueron revueltas y transtornadas: "había tanto ruido en la tierra, que era imposible que algo de ese tumulto no llegase hasta el corazón de los pueblos". Así nace la melancolía moderna.

Frente a ella surge el espíritu de la curiosidad y del examen: las grandes catástrofes aniquilaron el mundo antiguo con gran espectacularidad y, una vez muerto ese mundo, "he aquí que nubes de retóricos, de gramáticos, de sofistas, se abatieron como moscas sobre su inmenso cadáver. Se les ve pulular, se les oye zumbar en este foco de putrefacción". ¿No han revoloteado en México, después del cataclismo de la Revolución, de la misma manera, en torno al cadáver del campesino y del indio, nubes de filósofos, poetas, antropólogos y novelistas, inspirados por una mezcla de melancolía y de exaltación fáustica?

[7] Víctor Hugo, *La préface de Cromwell,* pp. 186-191.

[8] François-René Chateaubriand, *La genèse du Christianisme,* 2a. parte, I, III, cap. IX.

> Cada miembro, cada músculo, cada fibra del gran cuerpo yaciente —continúa Hugo— es vuelto al revés y al derecho. Ciertamente debe haber sido un gozo, para estos anatomistas del pensamiento, poder con sus esfuerzos hacer experiencias en grande, tener como *sujeto* principal a una sociedad muerta para disecar. Así, vemos despuntar simultáneamente, y como dándose la mano, al genio de la melancolía y la meditación, y al demonio del análisis y de la controversia.

Víctor Hugo no menciona a la metamorfosis, pero es ella la que acecha detrás del demonio de la ciencia: todo cambia, todo se transforma, todo acaba, todo muere. Las ruedas del Progreso cada día giran más rápido, y lanzan con rapidez creciente los cadáveres de lo viejo a las mesas de disección de los científicos. Lo que apenas ayer nos atraía por su frescura, hoy ya presenta una faz mortecina: en este delirio del progreso, los hombres apenas tienen tiempo de disfrutar algo cuando ya la muerte toca a sus puertas. Tocqueville, en *La democracia en América,* se refiere a esta nueva enfermedad de las naciones democráticas: allí los hombres nunca llegan a obtener toda la igualdad que desean, aunque con facilidad obtienen condiciones relativamente equitativas. La igualdad que desean siempre está a la vista, pero conforme avanzan hacia ella se va retirando:

> a cada momento creen que están a punto de alcanzarla, pero constantemente se les escapa. Están suficientemente cerca para ver sus encantos, pero demasiado lejos para gozarlos, y mueren antes de haber saboreado plenamente sus dulzuras. A estas causas debe atribuirse esa extraña melancolía que con frecuencia acosa a los habitantes de las naciones democráticas en medio de su abundancia y ese disgusto por la vida que llega a apoderarse de ellos en medio de una existencia cómoda y tranquila.[9]

[9] *La democracia en América*, 2o. libro, cap. XIII, p. 497. Otras formas modernas de la melancolía son expuestas, a propósito de Walter Benjamin, por Susan Sontag en *Under the Sign of Saturn*. Véase también el artículo de David Gross, "La melancolía de la izquierda".

Tampoco Tocqueville lo menciona, pero es el espíritu de la metamorfosis lo que acosa a las naciones democráticas. No sólo sucede que el tiempo transcurre, y llega por fin el momento de la muerte; lo terrible y fascinante es la manera tercamente *progresiva* y *moderna* en que se desliza el tiempo, siempre hacia *adelante* y metamorfoseando todo: lo que fue ya nunca será de nuevo. Ante la metamorfosis desenfrenada aparece la escapatoria de la melancolía: se trata de dos extremos de un mismo eje.

La confluencia de la idea de metamorfosis con la del hombre fáustico es tan natural como el paralelismo entre la melancolía y el hombre salvaje. La obra de Goethe es tal vez el mejor ejemplo: hay un firme hilo conductor entre sus investigaciones científicas, plasmadas en su libro *La metamorfosis de las plantas,* y el drama que recrea a partir de la antigua leyenda de Fausto y Mefistófeles.[10] Parodiando a Víctor Hugo, se podría decir que en la fáustica convocatoria del espíritu de la metamorfosis —que es la negación permanente que encarna Mefisto— también se arremolinan como moscas los sabios, los poetas y los filósofos. Están preparados para ser los parteros de los nuevos mundos que nacen todos los días; pero al mismo tiempo se ven obligados a ser los enterradores de tantas cosas que pierden vigencia a cada paso.

Quiero destacar varios hechos en el desenvolvimiento del canon dual melancolía/metamorfosis. Primeramente, que es una imaginería capaz de expresarse tanto en la alta cultura como en la cultura popular, tanto en la novela y la poesía como en las comedias televisadas o radiodifundidas y en los comics: de lo sublime y exquisito puede pasar a la vulgaridad plebeya. Es un complejo de redes imaginarias capaz de atravesar las fronteras que separan a las clases sociales sin perder sus atri-

[10] *Cf.* La excelente edición en francés: *La métamorphose des plantes.* André Masson se basó en el potencial simbólico de este libro para pintar su retrato de Goethe (1940), en el que la metamorfosis de las plantas es un alucinante y colorido viaje psicodélico a los mundos interiores. Del *Fausto* hay varias traducciones al español; es interesante la que editó José Vasconcelos en la Universidad Nacional en 1924 (traducida por J. Roviralta Borrell). Compárese con las ideas de la psicología moderna sobre la metamorfosis, entendida como el proceso de cambio de la vida embrionaria en la matriz a la existencia en el mundo humano y natural, en *Metamorphosis,* de Ernest G. Schachtel.

butos esenciales. Esto puede comprobarse por otro camino: el estereotipo dual también se expresa bajo diferentes coberturas ideológicas, con frecuencia contradictorias: de esta manera, reaparece en una cadena de oposiciones que pertenecen a discursos diversos: barbarie *vs.* civilización, campo *vs.* ciudad, feudalismo *vs.* capitalismo, estancamiento *vs.* progreso, hombre salvaje *vs.* hombre fáustico, religión *vs.* ciencia, Ariel *vs.* Calibán, comunidad *vs.* sociedad, subdesarrollo *vs.* desarrollo.[11] Son las mil caras de la lucha de clases.

Otro hecho fundamental radica en la extraordinaria profundidad histórica de esta dualidad, pues es capaz no sólo de atravesar fronteras ideológicas y de clase social, sino también puede cruzar varios milenios de cultura occidental. En este sentido —el de su capacidad de sobrevivencia en diversos periodos— es que se le puede definir como un arquetipo.

Estos hechos permiten comprender por qué esta imaginería puede constituir una poderosa red de mediaciones legitimadoras. Es evidente que esta dualidad es un poderoso disolvente de las contradicciones sociales, es una fuerza unificadora de alto poder aglutinador. Por ello se observa su presencia decisiva en la configuración de las culturas nacionales y en la unificación de los Estados modernos, no sólo como una influencia circunstancial del romanticismo y del modernismo, sino como una necesidad profunda del sistema político y de la sociedad burguesa. La cultura nacional mexicana ha usado extensamente el arquetipo melancolía/metamorfosis, se ha aprovechado ampliamente de sus potencialidades mediadoras y lo ha plasmado en el canon del axolote. Pero no pretendo que el canon del axolote (es decir, el eje metafórico indio-*pelado*) sea el único haz de imaginería que define a los sujetos de la política mexicana; tampoco pretendo que nada escape a su influencia: es un marco de referencia muy importante, pero no es excluyente ni omnipresente. Con esto quiero decir

[11] Una excelente exposición de esta dualidad en la cultura latinoamericana puede encontrarse en el artículo "Civilización y Coca-Cola" de Carlos Monsiváis. Véase también de Sara Sefchovich, "La continua obsesión de la cultura mexicana", y muy especialmente, el conjunto de artículos que recoge el libro *Identidad cultural de Iberoamérica en su literatura*, editado por Saúl Yurkievich.

que el canon del axolote se encuentra en diversas expresiones culturales mexicanas, pero ello no nos autoriza a creer que este canon es la clave explicatoria de novelas como *Pedro Páramo*, de poemas como "La suave patria" y de películas como *Los olvidados*. Es cierto que los actores del teatro de la cultura política se configuran a partir de ingredientes muy dispares: Pedro Páramo, el Indio Fernández, El Payo, Juan Pérez Jolote y Chanoc confluyen en el mito del mexicano salvaje y rural; por su lado, Cantinflas, Pito Pérez, la *Sinfonía proletaria* de Chávez, El Púas y el rock de Jaime López alimentan la mitología del mexicano urbano. La melancolía que destilan muchas telenovelas y fotonovelas se asimila a la que sufren escritores como Juan José Arreola; y el ansia de metamorfosis está presente tanto en el boxeador primerizo de la Arena Coliseo como en *La muerte de Artemio Cruz* de Carlos Fuentes. Sin embargo, el canon del axolote no es un instrumento de análisis para interpretar textos literarios ni para explicar peleas de box: su función es la de permitirnos ubicar la presencia en la cultura nacional de procesos legitimadores del sistema político, e identificarlos en los contextos heterogéneos en que se encuentran alojados. Sacarlos de sus nichos y exponerlos a la luz del sol es una tarea que me parece indispensable si queremos comprender la naturaleza del sistema político mexicano.

Para regresar al problema planteado con los términos de Gramsci, puedo señalar que es la presencia eficaz de estructuras mediadoras en la cultura mexicana moderna —tales como el canon del axolote, entre otras— lo que la tiñe de un color nacional popular. Son las estructuras de mediación las que permiten que los escritores —en su sentido más global de generadores de discurso— cumplan una función "educadora" nacional al dar forma a los sentimientos populares tal cual los han revivido y recreado. ¿Qué es lo que vuelve tan eficaces a estas estructuras de mediación? ¿Qué le confiere poder legitimador al canon del axolote? La respuesta más socorrida, y no por ello menos falsa, es la que sostiene que la cultura nacional *es eficaz simplemente porque es mexicana*. Sin embargo, si meditaremos un poco en esta respuesta veremos que es una vulgar redundancia.

La eficacia de las estructuras mediadoras proviene principalmente del hecho de que hay una *transposición peculiar* de algunos aspectos seleccionados de las luchas y de los sentimientos de las clases populares al campo de la cultura nacional. Esta transposición es la que permite que la cultura nacional sea *inteligible* para una gran parte del pueblo, aunque esto no quiere decir que la cultura nacional sea un reflejo objetivo de la situación de las clases populares. La peculiaridad de esta transposición radica en el hecho de que se realiza de acuerdo a un canon o estructura que tiene sus raíces, no sólo en el carácter mexicano, sino en la naturaleza profunda de la sociedad humana y en su necesidad de restañar los antagonismos que la hieren. Es, pues, el hecho de que los individuos perciben una coincidencia de estructuras entre su sociedad y la cultura nacional lo que permite que ésta sea inteligible y, por lo tanto, considerada como propia. Pero no basta que los "ingredientes" de la cultura formen una tradición o, por lo menos, tengan su origen en el hábitat en que viven los mexicanos: hace falta, además, que una "fórmula" los mezcle de acuerdo a ciertos cánones precisos. Esta situación da lugar a una paradoja, que se podría ejemplificar con un caso relativamente obvio como es el del cine. Un participante y observador del cine mexicano —Alejandro Galindo— se asombra al comprobar que las películas de tema nacional revelan un desajuste total y una falta de concordancia "entre lo que presentan como realidad mexicana y lo que es en verdad la realidad mexicana": lo que más desconcierta a Galindo es "la jubilosa y entusiasta aceptación de los públicos de esa realidad que las películas le ofrecen" a pesar de que se percatan de que esa realidad pretendidamente suya es falsa: "no sólo la aceptan, sino que la aplauden y hasta se enternecen y conmueven con su visión".[12]

Los propios realizadores, como señala Galindo, reconocen una contradicción entre la realidad que perciben y el cine que producen. Pero es evidente que existe, entre realizadores y público, una concordancia que usa como referente *otra realidad*, otra estructura de significados que no es la que los científicos sociales suelen entender como realidad objetiva.

[12] Alejandro Galindo, *Una radiografía histórica del cine mexicano*, citado por Aurelio de los Reyes en *Cine y sociedad en México, 1896-1930*, p. 193.

Ciertamente, nos encontramos con una subjetividad.

Esa "otra realidad" le es inoculada al pueblo como una vacuna para prevenir que desarrolle tendencias desestabilizadoras: un exceso de melancolía o muy fuertes impulsos metamórficos podrían ocasionar serios trastornos al sistema político. Pareciera que se aplica el antiguo principio: *simila similibus curantur;* de esta manera se crea para el pueblo un espectáculo de sí mismo, para que purgue sus penas, sus frustraciones y sus pecados. Precisamente en la *Política*, Aristóteles le asignó a la música la función de purga —o catarsis— de las emociones, lo que debía provocar un alivio placentero.[13] Milton retomó esta idea, dándole un sentido hipocrático, al sostener que los humores malignos debían ser purgados del organismo: la melancolía —la bilis negra— podía ser purgada por las artes musicales, y la tragedia tenía el poder "al despertar la piedad, el miedo y el terror, de purgar la mente de tales pasiones".[14]

La unidad de la cultura nacional mexicana se encuentra amenazada, como es fácil comprender, por las tendencias disgregadoras provocadas por los antagonismos sociales y políticos. Estas amenazas no surgen en la cultura directamente como conflictos ideológicos, sino que aparecen como transfiguraciones diversas. Por lo que se refiere al sujeto creado por la cultura como depositario del alma nacional, es bajo la forma de pasiones e impulsos que se expresan las contradicciones que amenazan la unidad nacional. Por lo tanto, se podrá comprender que la catarsis, a que son sometidas las pasiones que habitan el alma nacional, tiene profundas implicaciones políticas. La melancolía, de este modo, debe

[13] "Tómese la piedad y el miedo, por ejemplo, o de nuevo el entusiasmo. Algunas personas son propensas a ser poseídas por esta última emoción, pero vemos que cuando han usado de melodías que llenan el alma de sentimiento orgiástico, son traídas de nuevo a una condición normal por esas melodías sagradas, como si hubieran sido tratadas medicinalmente y se les hubiese aplicado una purga [*catarsis*]." *Política,* VIII: 7, pp. 1341-1342. Véase una referencia a la tragedia como catarsis en la *Poética,* VI: 2.

[14] John Milton, prefacio a *Samson Agonistes* (1671). Agrega: "Nor is Nature wanting in her own effects to make good this assertion; for so in physic, things of melancholic hue and quality are used against melancholy, sour against sour, salt to remove salt humours."

ser conjurada para contener un posible desbordamiento del salvajismo rural y para que no se desenfrene la añoranza de la Edad de Oro perdida. La melancolía puede también despertar la bestialidad ancestral y provocar el resurgimiento de lo que se suele llamar el "México bronco". En el otro extremo, el delirio progresista y utópico del hombre fáustico puede acarrear metamorfosis catastróficas para la unidad nacional, una verdadera invasión de nuevos bárbaros que abra las compuertas que detienen las influencias imperialistas anglosajonas. Las ansias metamórficas pueden traer también amenazadores aires socialistas y comunistas.

Existe evidentemente una coincidencia entre las estructuras del mexicano inventado por la cultura nacional y las estructuras en que se basa el sistema sociopolítico. Ello permite ese efecto de similitud necesario para que la catarsis o purga tenga un efecto legitimador, de tal manera que una parte de la masa popular reconozca a la imagen de "lo mexicano" como una alternativa para expresar sus sentimientos. De diversas maneras, el pueblo reconoce, en el espectáculo de la cultura nacional, no un reflejo pero sí una extraña prolongación (o transposición) de su propia realidad cotidiana. Este es un aspecto fundamental: los mitos nacionales no son un *reflejo* de las condiciones en que vive la masa del pueblo ni una diversión falsa (ideológica) de la conciencia. Los mitos políticos no son, fundamentalmente, conciencia social o ideología: como parte de la cultura son, digamos, la prolongación de los conflictos sociales por otros medios. En esta transposición se gesta el mito del mexicano, sujeto de la historia nacional y sujetado a una forma peculiar de dominación.

El hecho de que la cultura política nos diga que *este* mexicano merece *esta* dominación —pues hay una coincidencia estructural entre ambas— nos conduce a otra dimensión del problema. Se trata de la presencia de un mito más, el de la culpa: el pueblo mexicano no sólo merece, por razones estructurales, la dominación a que es sujetado, sino que debe purgar una culpa, que es otra dimensión de la catarsis.

El pueblo mexicano es culpable de conformar una *masa*: la tradicional exaltación nacionalista de los valores populares se ha dejado avasallar por el menosprecio que siente la clase dominante por la masa, sea bajo su forma tradicional (masa rural de indios y campesinos) o bajo su forma moderna (masa urbana de *pelados*). Este desprecio se puede comprobar al observar los curiosos paralelismos existentes entre las apreciaciones racistas y colonialistas de viejos libros como *The Mexican Mind* de Wallace Thompson[15] y los temas típicos de la "filosofía de lo mexicano". Es muy obvio el antiguo transfondo histórico de la noción de culpa como estigma que debe soportar un pueblo; no es necesario detenerse aquí en ello. En cambio, quiero mencionar una curiosa similitud entre la imaginería medieval sobre la caída cósmica y las nociones estructuralistas que explican las correspondencias entre instancias diversas (*v. gr.* entre cultura y política). Así, la analogía entre el microcosmos y el macrocosmos era esencial a los teólogos para descifrar al mundo: sólo si hubiera alguna necesaria correspondencia entre las acciones humanas y los eventos de su contorno natural podría ser plausible que el pecado original, la Caída, tuviera repercusiones cósmicas. Igualmente, en la imaginería moderna el carácter del Estado debe tener una correspondencia necesaria con el carácter del pueblo: y sólo la Caída de la masa popular explica las formas de dominación política a que es sometida.

Los arquetipos, cánones, paradigmas y simulacros que podemos encontrar en la cultura política —y especialmente en los mitos sobre el carácter nacional— se relacionan con las estructuras políticas y sociales en una forma muy peculiar, que es necesario explicar; he hablado de *correspondencia* entre unas y otras, pero no en su sentido marxista, que es un concepto moderno que intenta comprender la causalidad histórica de los fenómenos sociales. Tampoco hago alusión a los vínculos entre los tipos ideales de Weber y la complejidad real a la que corresponden. Los arquetipos y estereotipos sobre el carácter nacional, como lo he expresado, configuran una *prolongación* o *transposición* de situaciones reales, pero no son simplemente un *reflejo*, en las nubes de la conciencia, de las contradicciones sociales. Tal vez, para comprender este fenó-

[15] Incluso la sarta de tonterías que acumula un escritor inglés contemporáneo sobre su viaje a México, un "lugar peligroso", forman parte de la misma mitología,

meno, sea mejor traer a Aristóteles de nuevo; ciertamente, la correspondencia entre los arquetipos mitológicos del carácter nacional y la vida social se da en un contexto trágico. Aristóteles entendía a la tragedia como una *imitación artificial* (*mimesis*) de la naturaleza del hombre en proceso de madurar su autorrealización. ¿Acaso el espectáculo trágico del nacionalismo no es también una pantomima de la realización de la unidad estatal moderna? Ello es así a condición de que definamos los lazos miméticos (es decir, de *correspondencia*) de una manera que, paradójicamente, no corresponda a las nociones científicas modernas y ni siquiera a las formas literarias del realismo. La mitología política se vincula (establece una mimesis) con la realidad social de una forma que puede ser bien dibujada con la imaginería medieval. Para esta descripción recurriré al excelente estudio de Erich Auerbach sobre la mimesis. Auerbach hace un análisis del concepto medieval de *figura* para entender el "realismo" literario del cristianismo medieval. "La interpretación figural —escribe Auerbach— establece una conexión entre dos eventos o personas, de tal manera que la primera se significa no sólo a sí misma sino también a la segunda, mientras que la segunda implica o realiza a la primera."[16] Un hecho no sólo tiene un significado propio, sino también se liga a otro evento al que confirma, sin perder por ello su realidad en el *aquí* y *ahora*. Los dos acontecimientos no se conectan en forma causal o cronológica, sino que se encuentran unidos en un plano superior (divino o, podríamos decir, en el metadiscurso estatal y nacional). De esta manera, el sacrificio del indio y el trauma de la Conquista prefiguran la explotación del campesino: el delirio de las cadenas sintagmáticas que aprisionan al *pelado* se realizan en el proletariado cantinflesco: y el pecado de Malintzin se prolonga en la culpa de las mexicanas del siglo XX. Lo mismo ocurre con los vínculos entre el pueblo mexicano y el Estado nacional: parafraseando a Auerbach, en el pueblo se encuentra el Estado como si fuera anunciado y pro-

cf. Hugh Fleetwood, *A Dangerous Place.*

[16] Erich Auerbach, *Mimesis. The Representation of Reality in Western Literature*, p. 73. Las paráfrasis que más adelante hago provienen de las pp. 73-74 y 555.

metido, y el Estado "realiza" (el término técnico es *figuram implere*) al pueblo. Entre ambos —pueblo y Estado— no se debe establecer una conexión racional en el plano horizontal (es decir causal y temporal); en la imaginería nacionalista se encuentran ligados verticalmente. Así, la historia es disuelta y los eslabones concretos entre pueblo y poder son una conexión estructural que sólo la Divina Providencia o la Razón de Estado son capaces de inventar. En el interior de la imaginería nacionalista sólo las conexiones verticales, que convergen en el Estado, son significantes. El entramado horizontal —histórico— de la red pierde sentido, y se convierte en una pseudo-realidad. Estas observaciones, de paso, permiten comprender la razón por la cual el estructuralismo encuentra en el estudio de los mitos un terreno abonado.

Estos juegos comparativos permiten vislumbrar las causas por las que el metadiscurso nacionalista suele impedir o dificultar la relación de los mexicanos con su pasado y con la historia del mundo: la historia es reducida a jeroglíficos, a símbolos estáticos destinados a glorificar el poder nacional y a adormecer la razón; cuando se despierta de este sueño resulta difícil reconocer el pasado propio e, incluso, la presencia del mundo. Hemos soñado en mil héroes míticos, pero de la nación sólo quedan sus ruinas.

El nacionalismo mexicano ha llegado a un punto crítico: no sólo resulta una odiosa fuente de legitimación del sistema de explotación dominante, que busca justificar las profundas desigualdades e injusticias por medio de la uniformización de la cultura política: ello lo comparte con todos los nacionalismos; pero además —y en ello radica la situación crítica— las cadenas de transfiguraciones y transposiciones han acabado por perfilar una cultura política que ya no corresponde a las necesidades de expansión del propio sistema de explotación. Aun el avance de un capitalismo brioso e imperialista choca abiertamente con la estela de tristezas rurales, de barbaries domesticadas por caciques, de obrerismo alburero y cantinflesco, de ineficiencia y corrupción en nombre de una cohorte de *pelados*. Pero no se trata solamente de una necesidad del desarrollo económico por salir de la crisis y del estancamiento; una gran parte de los mexicanos comienza a rechazar esa vieja cultura política que ha sido durante más de sesenta años la fiel compañera del autoritarismo, de la corrupción, de la ineficiencia y del atraso. Esa cultura política es el nacionalismo revolucionario, y uno de sus componentes esenciales es lo que he denominado el canon del axolote.

Los mexicanos han sido expulsados de la cultura nacional; por eso, cada vez rinden menos culto a una metamorfosis frustrada por la melancolía, a un progreso castrado por el atraso. Los mexicanos cada vez se reconocen menos en ese axolote que les ofrece el espejo de la cultura nacional como paradigma de un estoicismo nacionalista unificador. Hay muchos mexicanos que ya no quieren devolverle al axolote su poder metamórfico: eso arruinaría su juventud a cambio de alcanzar un porvenir viscoso, poco atractivo. No les entusiasma una modernidad eficiente ni quieren restaurar la promesa de un futuro industrial proletario. Tampoco creen en un retorno a la Edad de Oro, al primitivismo larvario. Han sido arrojados del paraíso originario, y también han sido expulsados del futuro. Han perdido su identidad, pero no lo deploran: su nuevo mundo es una manzana de discordancias y contradicciones. Sin haber sido modernos, ahora son desmodernos; ya no se parecen al axolote, son otros, son diferentes.

Agradecimientos

Este estudio fue preparado en el Instituto de Investigaciones Sociales de la Universidad Nacional Autónoma de México, donde realicé el trabajo de investigación necesario para documentar mis reflexiones.

Una beca de la Fundación Guggenheim me permitió, en 1986-87, llevar a cabo el trabajo de redacción del libro. Durante la preparación del texto la Universidad de Wisconsin me acogió como investigador y me proporcionó los servicios de sus excelentes bibliotecas.

Estoy muy agradecido a estas instituciones por el apoyo que me brindaron. Igualmente agradezco la ayuda y comentarios de Christopher Domínguez y José Ramón Enríquez.

Bibliografía sobre México

Aguilar Camín, Héctor, "Nociones presidenciales de «cultura nacional». De Alvaro Obregón a Gustavo Díaz Ordaz", en *En torno a la cultura nacional*, Instituto Nacional Indigenista, México, 1976.

Aguilar Mora, Jorge, *La divina pareja. Historia y mito en Octavio Paz,* Era, México, 1978.

Alatorre, Antonio, "Características del español hablado en México", en *Características de la cultura nacional*, ISUNAM, México, 1969.

Alegría, Juana Armanda, *Psicología de las mexicanas*, Edit. Samo, México, 1974.

Aramoni, Aniceto, *Psicología de la dinámica de un pueblo* (*México, tierra de hombres*), 2a. edic., B. Costa-Amic ed., México, 1965.

____, *El mexicano, ¿un ser aparte*? Edit. Offset, México, 1984.

Arreola, Juan José, "La implantación del espíritu", en *Imagen y realidad de la mujer*, comp. de Elena Urrutia, Sep-Setentas-Diana, México, 1979.

Artaud, Antonin, *México y Viaje al país de los tarahumaras*, Fondo de Cultura Económica, México, 1984.

Béjar Navarro, Raúl, *El mito del mexicano*, UNAM, México, 1968.

____, *El mexicano. Aspectos culturales y psicosociales*, UNAM, México, 1979.

Bermúdez, María Elvira, *La vida familiar del mexicano*, Antigua Librería Robredo, México, 1955.

Blanco, José Joaquín, *Se llamaba Vasconcelos. Una evocación crítica*, Fondo de Cultura Económica, México, 1977.

——, *Crónica de la poesía mexicana*, Universidad Autónoma de Sinaloa, México, 1979.

Brading, David, *Los orígenes del nacionalismo mexicano*, Era, México, 1982.

Bremauntz, Alberto, *La batalla ideológica en México*, Ediciones Jurídico Sociales, México, 1962.

Brenner, Anita, *Idolos tras los altares*, Domés, México, 1983.

Breton, André, "Souvenirs du Mexique", *Le Minotaure,* núms. 12-13, mayo de 1939.

Careaga, Gabriel, *Mitos y fantasías de la clase media en México*, Océano, México, 1983.

Carrión, Jorge, "De la raíz a la flor del mexicano", *Filosofía y Letras,* núms. 40-41, México, enero/junio 1951, pp. 9-24.

——, *Mito y magia del mexicano, y un ensayo de autocrítica*, 4a. edic., Nuestro Tiempo, México, 1975.

Caso, Antonio, *Discursos a la nación mexicana*, Porrúa, México, 1922.

——, "El problema de México y la ideología nacional" (1924), en *Obras Completas*, tomo IX, UNAM, México, 1976.

Cazés, Daniel, *Los revolucionarios*, Grijalbo, México, 1973.

Cernuda, Luis, *Variaciones sobre tema mexicano*, Porrúa y Obregón, México, 1952.

Clavijero, Francisco Javier, *Historia antigua de México*, Porrúa, México, 1974.

Cuesta, Jorge, "La literatura y el nacionalismo", *El Universal*, 22 de mayo de 1932 (en *Poemas y ensayos*, Edic. por L.M. Schneider, UNAM, México, 1964, tomo 2, pp. 96-101).

____, "La nacionalidad mexicana", *El Universal*, 5 de febrero de 1935 (en *Poemas y ensayos*, Edic. por L.M. Schneider, UNAM, México, 1964, tomo 2, pp. 212-216).

Chávez, Ezequiel A., "Ensayo sobre los rasgos distintivos de la sensibilidad como factor del carácter del mexicano", *Revista Positiva, Organo del positivismo en México*, ed. por Agustín Aragón, México, 1901, tomo I, núm. 3, pp. 81-99.

____, *Ensayo de psicología de la adolescencia*, SEP, México, 1928.

____, *Ensayo de psicología de Sor Juana Inés de la Cruz y de estimación del sentido de su obra y de su vida para la historia de la cultura y de la formación de México*, Edit. Araluce, Barcelona, 1931.

De Aragón, Ray John, *The Legend of La Llorona*, The Pan American Publishing Co., Las Vegas, 1980.

Debroise, Olivier, *Figuras en el trópico, plástica mexicana 1920-1940*, Océano, Barcelona, 1986.

Delgado González, Arturo, *Martín Luis Guzmán y el estudio de lo mexicano*, Sep-Setentas, México, 1975.

Díaz del Castillo, Bernal, *Historia verdadera de la conquista de la Nueva España*, Porrúa, México, 1960.

Díaz Guerrero, Rogelio, *Psicología del mexicano*, 4a. edic., Trillas, México, 1982.

Díaz Ruanova, Oswaldo, *Los existencialistas mexicanos*, Rafael Giménez Siles ed., México, 1982.

Domínguez Michael, Christopher, "Grandes muros, estrechas celdas", *Nexos*, núm. 62, México, febrero de 1983.

———, *Jorge Cuesta y el demonio de la política*, Universidad Autónoma Metropolitana, México, 1986.

Durán, Manuel, *Tríptico mexicano. Juan Rulfo, Carlos Fuentes, Salvador Elizondo*, Sep-Setentas, México, 1973.

———, "Juan Rulfo, cuentista: la verdad casi sospechosa", en *Homenaje a Juan Rulfo.*, comp. H.F. Giacoman, Anaya/Las Américas, Nueva York, 1974.

———, "«Contemporáneos»: ¿grupo, promoción, generación, conspiración?", en *Revista Iberoamericana*, 118-119, pp. 37-46, enero-junio, 1982.

———, "Juan Rulfo y Mariano Azuela: ¿sucesión o superación?", en *Cuadernos Hispanoamericanos*, 421-423, pp. 215-222, julio-septiembre, 1985.

Erro, Luis Enrique, *Los pies descalzos*, Compañía General de Ediciones, México, 1951.

Escalante, Evodio, *José Revueltas. Una literatura del "lado moridor"*, Era, México, 1979.

———, "¿Regresa la filosofía de lo mexicano?", *UnomásUno*, 27 de julio de 1985.

———, "Juan Rulfo o el parricidio como una de las bellas artes", *Sábado*, núm. 494, 21 de marzo de 1987.

Estrada, Julio (ed.), *La música en México. I. Historia. 4. Periodo nacionalista (1910 a 1958)*, UNAM, México, 1984.

Fernández, Justino, *El arte del siglo XIX en México*, UNAM, México, 1952.

Fleetwood, Hugh, *A Dangerous Place*, H. Hamilton/David & Charles, North Pomfret, 1986.

Fromm, Erich y Maccoby, Michael, *Sociopsicoanálisis del campesino mexicano. Estudio de la economía y la psicología de una comunidad rural*, Fondo de Cultura Económica, México, 1973.

Frost, Elsa Cecilia, *Las categorías de la cultura mexicana*, Facultad de Filosofía y Letras, UNAM, México, 1972.

Fuentes, Carlos, *Tiempo mexicano*, Joaquín Mortiz, México, 1971.

_____, "Rulfo, el tiempo del mito", en *Juan Rulfo, homenaje nacional*, INBA/SEP, México, 1980.

Fuentes Mares, José, *México en la hispanidad. Ensayo polémico sobre mi pueblo*, Instituto de Cultura Hispánica, Madrid, 1949.

Gálvez y Fuentes, Alvaro, "Esencia y valor del cine mexicano", en *México, realización y esperanza*, Edit. Superación, México, 1952.

Gamio, Manuel, *Forjando patria*, Porrúa, México, 1960.

Gaos, José, *En torno a la filosofía mexicana*, Alianza Editorial Mexicana, México, 1980.

García Icazbalceta, D.J., "Doña Marina", en *Obras*, tomo IV, Burt Franklin ed., Nueva York, 1968, pp. 5-15.

García Ruiz, Alfonso, "Sociogénesis del mexicano", *Filosofía y Letras*, núms. 45-46., México, enero-junio, 1952, t. XXIII, pp. 145 164.

Garibay, Angel María, *Llave del náhuatl*, Porrúa, México, 1951.

Garizurieta, César, "Catarsis del mexicano", en *El hijo pródigo*, núm. 40, julio de 1976 [reproducida en *"El hijo pródigo" (antología)* de Francisco Caudet, Siglo XXI, México, 1979].

_____, *Isagoge sobre lo mexicano*, Porrúa y Obregón, México, 1952.

Gómez de Orozco, Federico, *Doña Marina, la dama de la conquista*, Ediciones Xóchitl, México, 1942.

Gómez Robleda, José, *Psicología del mexicano. Motivos de perturbación de la conducta psico-social del mexicano de la clase media*, ISUNAM, México, 1962.

Gómez Vázquez, Héctor, "Entrevista a José Agustín", *Casa del Tiempo*, núms. 63 a 65, México, abril-junio, 1986.

González Pineda, Francisco, *El mexicano. Su dinámica psicosocial*, 2a. edic. (revisada), Edit. Pax-México, 1961.

—— y Delhumeau, Antonio, *Los mexicanos frente al poder*, IMEP, México, 1973.

Guerrero, Julio, *La génesis del crimen en México. Estudio de psiquiatría social*, Edit. Porrúa, S.A., México, 1977 (1a. edic. Ch. Bouret, París, 1901).

Guzmán, Martín Luis, "La querella de México", en *Obras Completas*, Compañía General de Ediciones, México, 1961, tomo I, pp. 3-33.

Henríquez Ureña, Pedro, *Estudios mexicanos*, FCE/SEP, México, 1984.

Hernández Luna, Juan, "El filosofar de Samuel Ramos sobre lo mexicano", *Filosofía y Letras,* núms. 45-46, México, enero/junio, 1952, tomo XXIII, pp. 183-223.

Herner, Irene, *Mitos y monitos. Historietas y fotonovelas en México*, UNAM/Nueva Imagen, México, 1979.

Herrera, Hayden, *Frida. A Biography of Frida Kahlo*, Harper and Row, Nueva York, 1983.

Hewes, Gordon W., "Mexicans in Search of the 'Mexican': notes on Mexican National Character Studies", *The American Journal of Economics and Sociology*, 13, 1953-54, pp. 209-223.

Humboldt, Alexander von, *Ensayo político sobre el reino de la Nueva España*, P. Robredo, México, 1941.

Iturriaga, José E., *La estructura social y cultural de México*, Fondo de Cultura Económica, México, 1951.

Krauze, Enrique, *Caudillos culturales en la Revolución Mexicana*, Siglo XXI Editores, México, 1976.

____, *Biografía del poder*, 8 tomos, Fondo de Cultura Económica, México, 1987.

Lafaye, J., *Quetzalcóatl y Guadalupe*, Fondo de Cultura Económica, México, 1977.

López Austin, Alfredo, *Cuerpo humano e ideología. Las concepciones de los antiguos nahuas, 2 tomos,* UNAM, México, 1984.

López Velarde, Ramón, *Obras Completas*, Edit. Nueva España, México, 1966.

Luquín, Eduardo, *Análisis espectral del mexicano (el lambiscón, el madrugador, el picapedrero, el pistolero)*, Costa-Amic ed., México, 1961.

Maccoby, Michael, *Social Change and Social Character in Mexico and the United States*, CIDOC, cuaderno núm. 55, Cuernavaca, 1970.

____, "The Mexican Revolution and the Character of the Campesino", Commentary on *Zapata and the Mexican Revolution* by John Womack, Jr., presented of the annual meeting of the American Historical Association, Washington, D.C., december 28, 1969.

____, "La guerra entre los sexos en una comunidad campesina mexicana", *Revista de Psicoanálisis, Psiquiatría y Psicología*, (4), México, sept/dic. 1966, pp. 54-76.

____, "El carácter nacional mexicano", *Revista de Psicoanálisis, Psiquiatría y Psicología,* (7), México, sept./dic. 1967, pp. 41-72.

Marchetti, Giovanni, *Cultura indígena e integración nacional: la "Historia Antigua de México" de F.J. Clavijero*, Universidad Veracruzana, Xalapa, 1986.

Marroquí, José M., *La llorona. Cuento histórico mexicano*, Imprenta de I. Cumplido, México, 1887.

Martínez, José Luis (ed.), *El ensayo mexicano moderno,* Fondo de Cultura Económica, México, 1958.

——, *Nezahualcóyotl,* Lecturas Mexicanas, FCE/SEP, México, 1984.

Mayer, Brantz, *México, lo que fue y lo que es,* prólogo y notas de Juan A. Ortega y Medina, Fondo de Cultura Económica, 1953 (1ª edic. en inglés 1844).

Menéndez, Miguel Angel, *Malintzin en un fuste, seis rostros y una sola máscara,* Populibros La Prensa, México, 1964.

Molina Enríquez, Andrés, *Los grandes problemas nacionales,* Era, México, 1978.

Monsiváis, Carlos, "Cultura nacional y cultura colonial en la literatura mexicana", en *Características de la cultura nacional,* ISUNAM, México, 1969.

——, "La nación de unos cuantos y las esperanzas románticas", en *En torno a la cultura nacional,* Instituto Nacional Indigenista, México, 1976.

——, "1968-1978: Notas sobre cultura y sociedad en México", *Cuadernos Políticos,* núm. 17, México, julio/septiembre, 1978, pp. 44-58.

——, "Sexismo en la literatura mexicana", en *Imagen y realidad de la mujer,* comp. de Elena Urrutia, Sep-Setentas-Diana, México, 1979.

——, "De algunos problemas del término «Cultura Nacional» en México", *Revista Occidental,* año 2, núm. 1, 1985.

——, "Civilización y Coca-Cola", *Nexos,* núm. 104, México, agosto de 1986.

Montes, Eduardo, "La filosofía de lo mexicano: una corriente irracional", *Historia y Sociedad,* núm. 9, primavera, 1967.

Moreleón, Angela G. de, "Algunas formas del valor y de la cobardía en el mexicano", *Filosofía y Letras,* núms. 45-46, México, enero/junio 1952, t. XXIII, pp. 165-174.

Moreno Villa, José, *Cornucopia de México,* Porrúa y Obregón, México, 1952.

Mues de Manzano, Laura, "Actitud del mexicano ante el extranjero", *Filosofía y Letras,* núms. 40-41, México, enero/junio, 1951, pp. 189-202.

Navarrete, Carlos, *San Pascualito Rey y el culto a la muerte en Chiapas,* UNAM, México, 1982.

Novo, Salvador, *La vida en México en el periodo presidencial de Lázaro Cárdenas,* Empresas Editoriales, México, 1964.

O'Gorman, Edmundo, *Destierro de sombras. Luz en el origen de la imagen y culto de nuestra Señora de Guadalupe del Tepeyac,* UNAM, México, 1986.

Oriol Anguera, Antonio y Vargas Arreola, Francisco, *El mexicano (raíces de la mexicanidad),* Instituto Politécnico Nacional, México, 1983.

Pacheco, José Emilio, "La patria perdida (notas sobre Clavijero y la «cultura nacional»", en *En torno a la cultura nacional,* Instituto Nacional Indigenista, México, 1976.

Palavicini, Félix F., *Estética de la tragedia mexicana,* ilustraciones de Mariano Martínez, Imprenta Modelo, México, 1933.

Panabiére, Louis, "Les intellectuels et l'Etat au Mexique (1930-1940), le cas de dissidence des Contemporáneos", en *Intellectuels et Etat au Mexique au XXe Siécle,* Institut d'Etudes Mexicaines, Perpignan-CNRS, París, 1979, pp. 77-112.

_____, *Itinerario de una disidencia, Jorge Cuesta (1903-1942),* Fondo de Cultura Económica, México, 1983.

Paz, Octavio, *El laberinto de la soledad,* 4a. edic., Fondo de Cultura Económica, México, 1964.

———, "Paisaje y novela en México", en *Corriente alterna,* Siglo XXI, México, 1967.

———, *Posdata*, Siglo XXI, México, 1970.

———, *Xavier Villaurrutia en persona y en obra,* Fondo de Cultura Económica, México, 1978.

———, *Sor Juana Inés de la Cruz o las trampas de la fe,* Fondo de Cultura Económica, México, 1982.

Peñalosa, Joaquín Antonio, *El mexicano y los 7 pecados capitales,* Ediciones Paulinas, México, 1972.

Phelan, John Leddy, "México y lo mexicano", en *Hispanic American Historical Review,* 36 (1956), pp. 309-318.

Phillips, Rachel, "Marina/Malinche: Masks and Shadows", en *Women in Hispanic Literature: Icons and Fallen Idols,* Edic. por Beth Miller, University of California Press, Berkeley, 1983, pp. 97-114.

Picón-Salas, Mariano, *Gusto de México,* Porrúa y Obregón, México, 1952.

Ponce Meléndez, Patricia, *Culture et politique: le discours de l'intelligentsia mexicaine dans la recherche d'une identité (1950-1980),* manuscrito, Doctorat de 3ème Cycle, París, s/f.

Portilla, Jorge, *Fenomenología del relajo,* Era, México, 1962.

Ramírez, Ignacio, *Obras,* Editora Nacional, México, 1960.

Ramírez, Santiago, *El mexicano, psicología de sus motivaciones,* 7a. edic., Grijalbo, México, 1983.

Ramos, Samuel, *El perfil del hombre y la cultura en México,* 7a. edic., Espasa-Calpe, México, 1977.

———, "En torno a las ideas sobre el mexicano", en *Cuadernos Americanos,* año X, vol. LVII. núm. 3, mayo/junio, 1951, pp. 103-114.

Reissner, Raúl Alcides, *El indio en los diccionarios. Exégesis léxica de un estereotipo,* Instituto Nacional Indigenista, México, 1983.

Revueltas, José, "Posibilidades y limitaciones del mexicano", *Filosofía y Letras,* núm. 40, México, octubre-diciembre, 1950, pp. 255-73 [en *Obras Completas*, 19, pp. 41-58].

Reyes, Alfonso, *La x en la frente,* Porrúa y Obregón, México, 1952.

Reyes, Aurelio de los, *Cine y sociedad en México, 1896-1930,* UNAM, México, 1983.

Reyes Nevares, Salvador, *El amor y la amistad en el mexicano,* Porrúa y Obregón, México, 1952.

Riding, Alan, *Vecinos distantes. Un retrato de los mexicanos,* Mortiz-Planeta, México, 1985.

Rivera, Diego, "Introducción" a *Las obras de José Guadalupe Posada, grabador mexicano,* comp. por Frances Toor, Paul O'Higgins y Blas Vanegas Arroyo, Mexican Folkways/Talleres Gráficos de la Nación, México, 1930.

Rodríguez, Gustavo A., *Doña Marina,* Imprenta de la Secretaría de Relaciones Exteriores, México, 1935.

Rodríguez Sala de Gómezgil, Ma. Luisa, *El estereotipo del mexicano. Estudio psicosocial,* Cuadernos de Sociología, UNAM, México, 1965.

Romanell, Patrick, *La formación de la mentalidad mexicana. Panorama actual de la filosofía en México, 1910-1950,* El Colegio de México, México, 1954.

Rosser, Harry L., *Conflict and Transition in Rural Mexico: the Fiction of Social Realism,* Crossroads Press, Waltham, 1980.

Ruiz, Ramón Eduardo, *México: la gran rebelión, 1905/1924,* Era, México, 1980.

Rulfo, Juan, *El llano en llamas,* Fondo de Cultura Económica, México, 1953.

Rutherford, John, *Mexican Society During the Revolution. A Literary Approach,* Clarendon Press, Oxford, 1971.

Sáenz, Moisés, *México íntegro,* Imprenta Torres Aguirre, Lima, 1939.

Sahagún, Bernardino de, *Historia general de las cosas de la Nueva España,* 5 vols., Porrúa, México, 1956.

Salmerón, Fernando, "Una imagen del mexicano", *Filosofía y Letras,* núms. 40-41, México, enero/junio, 1951, pp. 175-188.

——, *Cuestiones educativas y páginas sobre México,* (prólogo de José Gaos), Universidad Veracruzana, Xalapa, 1962.

Sandoval, Dolores M. de, *El mexicano: psicodinámica de sus relaciones familiares,* Edit. Villicaña, México, 1984.

Schmidt, Henry C., *The Roots of Lo Mexicano. Self and Society in Mexican Thought, 1900-1943,* Texas A & M University Press, College Station and London, 1978.

Sefchovich, Sara, "La continua obsesión de la cultura mexicana", *La Jornada Semanal,* núm. 133, abril, 1987.

Segura Millán, Jorge, *Diorama de los mexicanos,* B. Costa-Amic ed., México, 1964.

Sheridan, Guillermo, *Los Contemporáneos ayer*, Fondo de Cultura Económica, México, 1985.

Sierra, Justo, *México: su evolución social,* 2 tomos, J. Ballesca, México 1900-1902.

Somolinos d'Ardois, Germán, *Historia de la psiquiatría en México,* Sep-Setentas, México, 1976.

Somonte, Mariano G., *Doña Marina, "La Malinche"*, Edic. del autor, México, 1971.

Soto, Shirlene, "Tres modelos culturales: la Virgen de Guadalupe, la Malinche y la Llorona", *Fem,* año 10, núm. 48, México, octubre-noviembre, 1986.

Suárez Soto, Vicente, *Psicología abismal del mexicano,* 2º edic., Compañía Editorial Linotipográfica Universal, Puebla, 1967.

Thompson, Wallace, *The Mexican Mind. A Study of National Psychology,* Little, Brown and Co., Boston, 1922.

Toynbee, Arnold, *México y el Occidente,* Antigua Librería Robredo, México, 1955.

Trejo Lerdo de Tejada, Carlos, *La revolución y el nacionalismo,* Imp. y Papelería "La Estrella", La Habana, 1916.

Turner, Frederick C., *La dinámica del nacionalismo mexicano,* Grijalbo, México, 1971.

Uranga, Emilio, *Análisis del ser del mexicano,* Porrúa y Obregón, México, 1952.

_____, "Ensayo de una ontología del mexicano", *Cuadernos Americanos,* año VIII, vol. XLIV, marzo-abril, 1949, pp. 135-148.

_____, "Notas para un estudio del mexicano", *Cuadernos Americanos,* año X, vol. LVII, núm. 3, mayo/junio, 1951, pp. 114-128.

Urbina, Luis G., *La vida literaria de México,* Madrid, 1917.

_____, *Poesías completas,* 2 tomos, Porrúa, México, 1946.

Usigli, Rodolfo, "Epílogo sobre la hipocresía del mexicano", en *El gesticulador,* Ediciones Botas, México, 1943, pp. 159-243.

_____, "Rostros y máscaras", en *México, realización y esperanza,* Editorial Superación, México, 1952.

Varese, Stefano, "Una dialéctica negada (notas sobre la multietnicidad mexicana)", en *En torno a la cultura nacional,* Instituto Nacional Indigenista, México, 1976.

Vasconcelos, José, *Indología. Una interpretación de la cultura iberoamericana.* Agencia Mundial de Librería, París, s/f (1927).

_____, *Memorias,* 2 tomos, Fondo de Cultura Económica, México, 1982.

Vázquez Santana, Higinio, "Charrería, deporte nacional", en *México, realización y esperanza,* Editorial Superación, México, 1952.

Villegas, Abelardo, *La filosofía de lo mexicano,* Fondo de Cultura Económica, México, 1960.

Villoro, Luis, *Los grandes momentos del indigenismo en México,* El Colegio de México, México, 1950.

Westheim, Paul, *La calavera,* Antigua Librería Robredo, México, 1953.

Wolf, Eric R., "The Virgin of Guadalupe: A Mexican National Symbol", *Journal of American Folklore*, 71, pp. 34-39, 1958.

Yáñez, Agustín, "Estudio preliminar" a J. Joaquín Fernández de Lizardi, *El pensador mexicano*, UNAM, México, 1960.

_____, "Meditaciones sobre el alma indígena" (1942), en *El ensayo mexicano moderno,* tomo II, pp. 113-126, Fondo de Cultura Económica, México, 1958.

Zaid, Gabriel, "Problemas de una cultura matriotera", *Plural,* México, Julio de 1975.

Zavala, Silvio, *Aproximaciones a la historia de México,* Porrúa y Obregón, México, 1953.

Zea, Leopoldo, "El mexicano en busca del mexicano", *Cuadernos Americanos,* año X, vol. LVII, núm. 4, mayo/junio 1951, pp. 87-103.

———, "Dialéctica de la conciencia en México", *Cuadernos Americanos,* año X, vol. LVII, núm. 3, mayo/junio 1951, pp. 87-103.

———, *Conciencia y posibilidad del mexicano,* Porrúa y Obregón, México, 1952.

———, *El occidente y la conciencia de México,* Porrúa y Obregón, México, 1953.

Bibliografía general

Altamira, Rafael, *Psicología del pueblo español,* Edit. Minerva, Barcelona, s/f, *circa* 1901.

Alzate, José Antonio, "Ajolotl", *Gazeta de Literatura de México,* vol. 11, núms. 5 y 6, 2 y 16 de noviembre de 1970, pp. 41-42 y 43.

Aragón, Louis, *El campesino de París,* Bruguera, Barcelona, 1979.

Auerbach, Erich, *Mimesis. The Representation of Reality in Western Literature,* Princeton University Press, 1953.

Babb, L., *The Elizabethan Malady: a Study of Melancholia in English Literature from 1580 to 1640,* Michigan State College Press, East Lansing, 1951.

Bachelard, Gaston, *La dialectique de la durée,* Boivin, París, 1936.

Barbero, José Martín, "Qué es la cultura popular?", *La Cultura en México,* núm. 1210, México, 24 de abril de 1985.

Barrés, Maurice, *Les traits éternels de la France*, Oxford University Press, 1918 (discurso pronunciado en Londres por MB. de la Academia Francesa, en la Sala de la Sociedad Real bajo los auspicios de la Academia Británica, el 12 de julio de 1916).

Bartra, Agustí, *Diccionario de mitología*, Grijalbo, Barcelona, 1982.

Bartra; Roger, *Las redes imaginarias del poder político,* Era, México, 1981.

Benedict, Ruth, *The Chrysanthemum and the Sword. Patterns of Japanese Culture*, Houghton Mifflin, Boston, 1946.

Berman, Marshall, *All that is Solid Melts into Air. The Experience of Modernity*, Simon and Schuster, Nueva York, 1982.

Blount, B.F., "The effects of heteroplastic hypophiseal grafts upon the axolotl, *Ambystoma mexicanum*", *J. Exp. Zool.*, 113, pp. 717-739, 1950.

Boas, George, *The Happy Beast*, The Johns Hopkins Press, Baltimore, 1933.

_____, *Essays on Primitivism and related ideas in the Middle Ages*, Johns Hopkins Press, Baltimore, 1948.

Bolk, Louis, *Das problem der Menschwerdung*, Gustav Fisher, Jena, 1926.

Bonaparte, Marie, "Time and Unconscious", *Int. J. Psychoanal*, 21, pp. 427-468, 1940.

Brettell, Richard R. y Caroline B., *Painters and Peasants in the Nineteenth Century*, Skira/Rizzoli, Ginebra, Nueva York, 1983.

Burton, Robert, *The Anatomy of Melancholy* (ed. by A.R. Shilleto, intr. by A.H. Bullen), 3 vols., George Bell & Sons, Londres, 1893 [traducción muy resumida al español: *Anatomía de la melancolía*, Espasa-Calpe, Buenos Aires, 1947].

Caro Baroja, Julio, *El mito del carácter nacional*, Seminarios y Ediciones, Madrid, 1970.

Cohen, John, *Psychological Time in Health and Disease*, Charles C. Thomas, Springfield, 1967.

Comte, A., *Catecismo positivista o exposición resumida de la religión universal*, traducción, introducción y notas de Andrés Bilbao, Editora Nacional, Madrid, 1981.

Cortázar, Julio, "Axolotl", en *Los relatos: 3 Pasajes,* Alianza Editorial, Madrid, 1976.

Cuvier, Georges, "Recherches anatomiques sur les reptiles regardés encore comme douteux par les naturalistes: faites a l'ocasion de l'axolotl, rapporté par M. de Humboldt du Mexique", en Humboldt y Bonpland, *Recueil d'observations de zoologie et d'anatomie comparée,*Schoell et Dufour, París, 1811 (tomo I, pp. 93-126 + 2 ill. en XII y XIV, de la segunda parte del *Voyage de Humboldt y Bonpland,* París, 1805-1834).

_____, *Le regne animal distribué d'aprés son organisation,* 5 vols., 2a. edic., Deterville Libr., París, 1829.

Cherniavsky, Michael, *Tsar and People. Studies in Russian Myths,* Yale University Press, New Haven, 1961.

Chevalier, Louis, *Laboring Classes and Dangerous Classes in Paris During the First Half of the Nineteenth Century,* Howard Ferting, Nueva York, 1973.

Dandoy, Albert, *Le prolétariat et ses problémes,* Casterman, París, 1947.

D'Angelo, S.A., Gordon, A.S. y Charipper, H.A., "The role of thyroid and pituitary glands in the anomalous effect of inanition on amphibian metamorphosis", *J. Exp. Zool.,* 87, pp. 259-277, 1941.

Díaz-Plaja, Guillermo, *Tratado de las melancolías españolas,* Sala, Madrid, 1975.

Duchet, Michéle, *Antropología e historia en el siglo de las luces,* Siglo XXI, México, 1975.

Dumeril, Auguste, "Reproduction, dans la Ménagerie des Reptiles au Muséum d'Histoire Naturelle, des Axolotls, Batraciens urodéles à branchies persistantes, de Mexico (*Siredon Mexicanus, vel. Humboldtii*), qui n'avaient encore jamais été vues vivants en Europe", *Comptes Rendus de l'Academie des Sciences,* 60, pp. 765-67, París, 1865.

_____, "Nouvelles observations sur les Axolotls, Batraciens urodéles de Mexico (*Siredon mexicanus vel. Humboldtii*) nés dans la Ménagerie des Reptiles au Muséum d'Histoire Naturelle, et qui y subissent des métamorphoses", *Comptes Rendus de l'Academie des Sciences,* 61, pp. 775-78, París, 1865.

_____, "Métamorphoses des batraciens urodéles a branchies extérieures du Mexique dits Axolotls, observées a la Ménagerie des reptiles du Muséum d'Histoire Naturelle", *Annales des Sciences Naturelles. Zoologie et Paléontologie,* 7, pp. 229-254, I ill., París, 1867.

Eagleton, Terry, "The Subject of Literature", *Cultural Critique,* 2, invierno, 1985-86, pp. 95-104.

Eco, Umberto, *Postscript to The Name of the Rose,* Harcourt Brace Jovanovich, San Diego, Nueva York, Londres, 1984.

Eliade, Mircea, *Cosmos and History, The Myth of the Eternal Return*, Harper & Row, Nueva York, 1959 [publicado originalmente en París por Gallimard en 1954].

Elizondo, Salvador, "Ambystoma Tigrinum", en *El grafógrafo,* Joaquín Mortiz, México, 1972, pp. 17-30.

Fairchild, Hoxie Neale, *The Noble Savage. A Study in Romantic Naturalism,* Columbia University Press, Nueva York, 1928.

Foucault, Michel, *Historia de la locura en la época clásica,* Fondo de Cultura Económica, 2 tomos, México, 1967.

Fouillée, Alfred, *Psychologie du Peuple Français,* Alcan, París, 1898.

_____, *Bosquejo psicológico de los pueblos europeos,* Daniel Jorro, Madrid, 1903.

Fraisse, Paul, *Psychologie du temps,* Presses Universitaires de France, París, 1957.

_____, *The Psychology of Time,* Harper & Row, Nueva York, 1963.

———, "Des différents modes d'adaptation au temps", en *Du temps biologique au temps psychologique,* Presses Universitaires de France, París, 1979.

Francis, E.K.L., "The personality type of the peasant according to Hesiod's *Works and Days,* a culture case study", *Rural Sociology,* 10, pp. 275-95, 1945.

Franco, Jean, *The Modern Culture of Latin America: Society and the Artist,* Praeger, Nueva York, 1967. [Hay traducción en español: *La cultura moderna en América Latina*, Grijalbo, 1985.]

Fyfe, Hamilton, *The Illusion of National Character,* Watts, Londres, 1940.

Gabayet, Jacques, "Arquetipo mesiánico-judío y articulación de identidades nacionales", *Casa del Tiempo,* núms. 63 a 65, México, abril-junio, 1986.

García Terrés, Jaime, *Poesía y alquimia,* Era, México, 1982.

Garstang, W., *Larval Forms with Other Zoological Verses,* Basil Blackwell, Oxford, 1951.

Goethe, W., *La metamorphose des plantes,* introducción y comentarios de Rudolf Steiner, Triades, París, 1975.

Gonnard, René, *La légende du bon sauvage. Contribution à l'étude des origines du socialisme,* Libraire Médicis, París, 1946.

Gould, Stephen Jay, *Ontogeny and Philogeny*, Harvard University Press, 1977.

———, *Ever Since Darwin,* Northon, Nueva York, 1977.

Graef, Hilda, *La mariología y el culto mariano a través de la historia*, Biblioteca Herder, Barcelona, 1968.

Gramsci, Antonio, *Cuadernos de la cárcel,* Era, México, 1981.

Gross, David, "La melancolía de la izquierda", *La Jornada Semanal*, México, 19 de septiembre, 1986.

Grzimek, Bernhard, *Animal Life Encyclopedia, vol. 5 Fishes II and Amphibians*, Van Nostrand Reinhold, Nueva York, 1974.

Gutiérrez, Roberto, "Mito y democracia", *Casa del Tiempo*, núms. 63 y 65, México, abril-junio, 1986.

Guyau, J.M., *La genése de l'idée de temps*, Alcan, París, 1902.

Halwachs, M., "La mémoire collective et le temps", *Cah. Int. Sociol.*, 2, pp. 3-31, 1947.

Hernández, Francisco, "Axólotl" en *Historia de los animales de la Nueva España, Obras Completas*, UNAM, México, 1959, III, p. 390.

Herrera, Alfonso L., "El ajolote sufre la metamorfosis general en la clase de los batracios, por aumento de nutrición y no por cambio de medio", *La Naturaleza,* 2a. serie, 3, pp. 367-376, 1899.

Hingley, Ronald, *The Russian Mind*, Scribner's, Nueva York, 1977.

Hobsbawm, Eric y Ranger, Terence [eds.], *The Invention of Tradition*, Cambridge University Press, 1983.

Hugo, Víctor, *La préface de Cromwell*, introducción y notas de Maurice Souriau, París, 1901.

Huxley, Julián, "Time relations in amphibian metamorphosis, with some general considerations", *Sci. Prog.*, 17, pp. 606-618.

Ingram, W.R., "Metamorphosis of the Colorado axolotl by injection of inorganic iodine", *Prog. Soc. Exp. Biol. Med., 26, p.* 191, 1928.

Jameson, Frederic, "El Posmodernismo o la lógica cultural del capitalismo tardío", *Casa de las Américas*, núms. 155-156, año XXVI, La Habana, marzo-junio, 1986.

Klibansky, Raymond, Panofsky, Erwin y Saxl, Fritz, *Saturn and Melancholy*, Nelson, Londres, 1964.

Kurtz, Leonard P., *The Dance of Death and the Macabre Spirit in European Literature*, Columbia University, Nueva York, 1934.

Lanternari, Vittorio, *Occidente e Terzo Mondo*, Dedalo, Bari, 1967.

Lefebvre, Henri, *Nietzsche*, Fondo de Cultura Económica, México, 1940.

Lévy-Bruhl, Lucien, *La mentalidad primitiva*, Leviatán, Buenos Aires, 1957.

Lévy-Strauss, Claude, *El pensamiento salvaje*, Fondo de Cultura Económica, México, 1964.

Lips, Julius E., *The Savage hits Back*, Yale University Press, New Haven, 1937.

Lombroso, Cesare, *The Man of Genius*, Scriber's, Nueva York, 1891.

Lorenz, Konrad, *L'agression. Une histoire naturelle du mal*, Flammarion, París, 1969.

Lovejoy, Arthur O., *The Great Chain of Being*, Harvard University Press, Cambridge, 1936 [traducción española: *La gran cadena del ser*, Icaria, Barcelona, 1983].

Lukacs, G., *El asalto a la razón*, Fondo de Cultura Económica, México, 1959.

Lyons, Bridget Gellert, *Voices of Melancholy. Studies in Literary Treatments of Melancholy in Renaissance England*, Routledge & Kegan Paul, Londres, 1971.

Lyotard, Jean-François, *The Postmodern Condition: A report on Knowlodge*, University of Minnesota Press, 1984.

MacLean, Paul D., *A Triune Concept of the Brain and Behaviour*, University of Toronto Press, 1973.

Mafud, Julio, *Psicología de la viveza criolla,* Américalee, Buenos Aires, 1965.

Marcus, Steven, *Engels, Manchester and the Working Class,* Norton. Nueva York, 1985.

Marías, Julián, *Los Estados Unidos en escorzo,* Buenos Aires, 1956.

Martino, Ernesto de, *Morte e pianto rituale: dal lamento funebre antico al pianto de María,* Boringheri, Turín, 1975.

Massey, Irving, *The Gaping Pig. Literature and Metamorphosis,* University of California Press, 1976.

Menéndez Pidal, Ramón, *Los españoles en la historia,* Espasa-Calpe, Madrid, 1982 (1a. edic. 1947).

Moreira Leite, Dante, *O carácter nacional brasileiro. História de uma ideologia,* 2a. edic., Livraria Pioneira Editóra, São Paulo, 1969.

Moreno, Roberto, "El axólotl", *Estudios de Cultura Náhuatl,* vol. VIII, UNAM, México, 1969.

____, "Las notas de Alzate a la Historia Antigua de Clavijero (Addenda)", *Estudios de Cultura Náhuatl*, vol. 12, 1976.

Nakamura, Hajime, *Ways of Thinking of Eastern Peoples: India, China, Tibet, Japan,* East-West Center Press, Honolulu, 1964.

Nisbet, R.A., *The Quest for Community,* Oxford University Press, 1953.

Orwell, George, "Reflections on Gandhi", *The Collected Essays,* vol. 4: *In Front of Your Nose,* Penguin, Londres, 1980.

Pérez Amuchástegui, A.J., *Mentalidades argentinas (1860-1930)*, EUDEBA, Buenos Aires, 1965.

Piaget, J., *Le développement de la notion de temps chez l'enfant*, Presses Universitaires de France, París, 1946.

Pianzola, Maurice, *Peintres et Vilains. Les artistes de la Renaissance et la grande guerre des paysans de 1525,* Editions Cercle d'Art, París, 1962.

Plumyène, Jean, "Nationalisme et instinct de mort", *Contrepoint,* 3, pp. 25-32, primavera, 1971.

——— y Lasierra, Raymond, *Catálogo de necedades que los europeos se aplican mutuamente,* Seix Barral, Barcelona, 1973 (*Le sottisier de l'Europe*, Balland, París, 1970).

Redfield, Robert, *Peasant Society and Culture,* University of Chicago Press, 1956.

Reszler, André, *Mitos políticos modernos,* Fondo de Cultura Económica, México, 1984.

Riesman, David (con N. Glazer y R. Denney), *The Lonely Crowd. A Study of the Changing American Character,* Yale University Press, New Haven, 1950.

Rogers, Everett y Sevenning, Lynne, *La modernización entre los campesinos,* Fondo de Cultura Económica, México, 1973.

Rougier, Louis, *Del paraíso a la utopía,* Fondo de Cultura Económica, México, 1984.

Sagan, Carl, *Cosmos,* Planeta, Barcelona, 1982.

———, *Los dragones del edén,* Grijalbo, México, 1984.

Said, Edward W., *Orientalism,* Pantheon Books, Nueva York, 1978.

Salthe, S.N., "Courtship patterns and the phylogeny of the urodeles". *Copeia,* 1967, pp. 100-17.

Savater, Fernando, *Contra las patrias,* Tusquets Editores, Barcelona, 1984.

Schachtel, Ernest G., *Metamorphosis. On the Development of Affect, Perception, Attention and Memory,* Basic Books, Nueva York, 1959.

Screech, M.A., *Montaigne & Melancholy,* Susquehanna University Press, Selinsgrove, 1984.

Solano, Armando, *La melancolía de la raza indígena,* Publicaciones de la revista "Universidad", Librería Colombia, Bogotá, 1929.

Sontag, Susan, *Under the Sign of Saturn,* Farrar, Straus and Giroux, Nueva York, 1980.

Starobinsky, Jean, "Histoire du traitement de la mélancolie dès origines à 1900", en *Acta Psychosomatica*, 1960.

——, "L'encre de la mélancolie", en *La Nouvelle Révue Française,* 123, 1963.

Stent, Gunther S., *The Coming of the Golden Age. A View of the End of Progress,* American Museum of Natural History, Nueva York, 1969.

Subotnick, Morton, *Axólotl,* composición para cello y acompañamiento electrónico, 17, p. 21, Silver Series, Nonesuch Records, 1981.

Tinland, Franck, *L'homme sauvage. Homo ferus et homo silvestris, de l'animal a l'homme,* Payot, París, 1968.

Tocqueville, Alexis de, *La democracia en América,* Fondo de Cultura Económica, México, 1963.

Velasco, José M., "Descripción, metamorfosis y costumbres de una especie nueva del género Siredon encontrada en el lago de Santa Isabel, cerca de la villa de Guadalupe Hidalgo, Valle de México, *La Naturaleza*, 1a. serie, vol. 4, pp. 209-233, 1879.

——, "Anotaciones y observaciones al trabajo del señor Augusto Weismann, sobre la transformación del ajolote mexicano en Amblistoma", *La Naturaleza,* 1a. serie, vol. 5, pp. 58-84, 1880.

Walcot, Peter, *Greek Peasants, Ancient and Modern. A Comparison of Social and Moral Values,* Barnes & Noble, Nueva York, 1970.

Warner, Marina, *Alone of all her sex. The Myth and the Cult of the Virgin Mary,* Knopf, Nueva York, 1976.

Warner, W. Lloyd, *The Living and the Dead. A Study of the Symbolic Life of the Americans,* Yale University Press, New Haven, 1959.

Weber, Max, *El político y el científico,* Alianza Editorial, Madrid, 1967.

Weismann, A., "Ueber die Umwandlung des mexicanischen Axolotl in ein Amblystoma", *Z. wiss. Zool.,* 25 (suplem.), pp. 297-334, 1875.

Wenzel, Siegfried, *The Sin of Sloth: Acedia in Medieval thought and Literature,* The University of North Carolina Press, Chapel Hill, 1967.

Wessell, Leonard P., *Karl Marx: Romantic Irony and the Proletariat. The Mythopoetic Origins of Marxism,* Lousiana State University Press, Baton Rouge, 1979.

Williams, Raymond, *The Country and the City,* Oxford University Press, Nueva York, 1973.

Yurkievich, Saúl, *Identidad cultural de Iberoamérica en su literatura*, Alhambra, Madrid, 1986.

Esta obra se terminó de imprimir
en enero de 1991 en
Manufacturas Lusag, S.A.
Dr. Vértiz 1084
México 13, D.F.

La edición consta de 3,000 ejemplares